關於台東食

About Fooding Taitung

小時候常聽到大人說吃飽了沒，吃飯乃是本能，餓了自然就會尋找食物，先吃飽再說。吃飯這件事情哪需要人教呢？

於法國求學時，發現原來吃飯大有學問，點錯菜會引發爭吵；厲害的廚師，他的社會地位就像是日本相撲選手般讓人尊敬；傳統菜肥鵝肝，如何成為集體國家文化資產意識；紅酒產地、氣候與生產的奧義，讓紅酒像極了藝術品，我們不是喝酒，而是喝藝術啊！

日本《食育基本法》裡定義「食育是人類生存的根本，以及智育、德育、體育的基礎，從各式各樣經驗學到食物相關的知識和選擇食物的能力，並培育出能實踐健全飲食生活的人。」被我們小覷的吃飯這件事情，不僅是吃飽，一日三餐，每人一年有上千頓餐，從擇食、烹煮到共食的生活樂趣，是健康與美味的總合，也是台灣可以累積的「台灣食」！這巨大的地理人文資料該如何整理？

從台北傳統市場的實地田調、參與國際設計教育計畫時孩子的回應，我們發現許多都會菜盲的小朋友，分不清楚食物的差異，不知道食物有季節性；相較於台東的孩子，更不懂得珍惜食物。我意外的發現台灣飲食的壞習慣，喜歡配電視吃飯，學校學習的課桌也是餐桌，吃飯配螢幕快速地吃，沒有同儕間的對話，與許多飯館的用餐環境一樣，以為全世界都是如此；後來才發現還有許多用餐環境營造的學問。台灣近年來發展食農教育，大家聽到食育，會直接鏈結食農，但食育範疇更廣更大，包含食文化、產地與食材的認識、節氣、烹煮傳承、飲食環境、食安、食農、食器、剩食、永續友善等食議題，食育可以影響人的一生與社會問題，透過更寬廣的視野，看到不一樣的食觀點，打破習慣。

這本書以「台東食育提案所」田調出發，台東豐富的地形：有山、海、縱谷、平原、盆地、綠島及蘭嶼，純淨的自然生態，多元族群，蘊育著豐富的飲食文化，集合關注台東食物教育的政府跨領域跨部門、學校、在地職人、設計師一起協力，展開台東食育扎根行動，引發持續探索、體驗與記錄，從中產生食育教材的趣味學習，成為台灣食育的共享平台。

謝謝饒慶鈴縣長、張基義院長、鍾青柏處長、曹芸科長、羅淑圓、周欣宜、臺東設計中心的夥伴們邱薇如、王嬿晴，以及時報出版趙政岷董事長、廖宜家責任編輯，有您們的支持與鼓勵，才有這本書的出版。

———————— 總編輯 agua

歡迎追蹤 _FB 台東食育提案所

Contents

台東美味周

TAITUNG TASTY WEEK

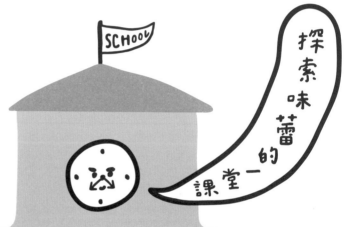

探索味蕾的一課堂

台東食育提案所

指導　文化部

主辦　臺東縣政府

承辦　臺東設計中心

執行　水越設計

食材從哪裡來、如何描述味道、良好的環境與食慾關係？食的世界博大精深，光是酸甜苦辣鹹，就有不同層次的五感體驗。我們走入台東海線的學校，各類專業職人、教師孩童以及設計師們一起，發掘味蕾新天地。更期待在未來，創造全台東的食育節慶。

台東資料
Taitung Data

總面積
3,515 km²

總人口
217,074 人

行政區域
1 市 **2** 鎮 **13** 鄉

人口密度
63 人 / km²

空氣品質平均
34 AQI * 良好 0-50

每人擁有的樹
151 棵

高山面積
93.7 %

森林面積 _ 全台分佈最高
81.6 %

最高的山
關山 3,668m

海岸線長度
176 km

漁港數量
14 座

東部最大漁港
成功漁港

農漁畜產值 _2019
139.3 億

釋迦產值 _2019
61 億

台東物產有釋迦、稻米、紅藜、洛神、旗魚、鮪魚、黑鮪魚、鬼頭刀、飛魚等。

▲ 關山　● 成功漁港

原住民全縣人口比例
35.7 % **7** 族

原住民比例全台最高的縣市，阿美、達悟、布農、排灣、卑南、魯凱、噶瑪蘭共 7 族，加上閩南、客家、外省、新住民共 11 個族群。

---

* 參考資料 _ 臺東縣政府 · 行政院農業統計年報 2018 · 內政部人口統計資料 2020 · 行政院環保署 2018 · 行政院農會林務局 · 水利署 2020 · 台東縣政府農業處農業產值 2020 · 中華民國山岳協會

台東地貌
Landform of Taitung

太平洋板塊與菲律賓板塊擠壓，使台東的地形多元，有高山、平原、盆地、台地及海岸地形，造就出壯麗的景色及多樣的物產。

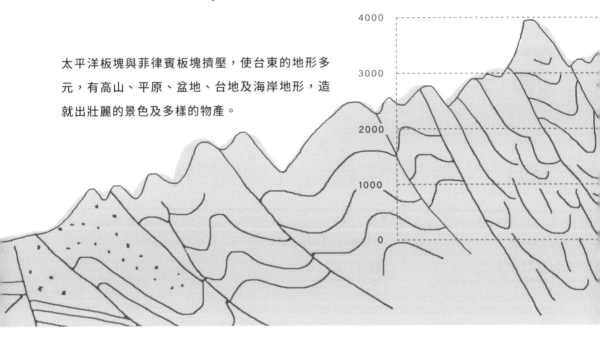

高山
台東 93.68%

除了池上鄉、關山鎮、鹿野鄉、台東市位於縱谷平原，其他鄉鎮多為山坡地及山地。地形坡度變化大，高海拔地區氣候濕冷，多種植高冷蔬菜、咖啡、水蜜桃、番茄等作物。

縱谷平原
台東市、池上鄉、關山鎮、鹿野鄉

位於中央山脈與海岸山脈之間，為河流沖積平原。因沖積平原有肥沃的土壤以及純淨水源，加上日夜溫差大，孕育出豐富物產，其中又以香Q飽滿的米飯聞名。

中央山脈

台地

海岸山脈

泰源盆地

縱谷平原

海線

台地
鹿野鄉

沖積扇受到板塊擠壓隆起、河流切割形成鹿野高台。山地排水性佳及日夜溫差大，適合種植茶葉、果樹等。因台地地形，觀光活動有滑翔翼及台東熱氣球節，觀光業在此盛行。

泰源盆地
東河鄉

盆地位於群山之間，須經過小馬隧道，才可到達封閉式的泰源盆地，也因此四季氣候穩定、溫暖宜人，盛產各類柑橘、釋迦、梅子等作物。

海岸
長濱鄉、成功鎮、東河鄉、台東市、太麻里鄉、大武鄉、達仁鄉

海岸線全長為 176km，是全台最長的海岸線。太平洋黑潮帶來豐富的漁獲資源，如飛魚、鬼頭刀、旗魚等洄游性魚類。

台東食節慶
Taitung's Festival Timeline

縱谷

池上春耕藝術節 3.4 月

在綠蔭草地的大坡池畔舉行，鋪上野餐墊享用來自池上的好店、媽媽們準備的創意米食點心，以野餐的方式度過池上的美好午後。

關山蘿蔔祭 1.2 月

冬天稻田休耕後，開始種植蘿蔔等綠肥作物，將蘿蔔葉當作肥料。1月的千人拔蘿蔔及製作菜脯活動，都是關山的代表。

布農族射耳祭 4.5 月

小米除草祭後舉辦，祈求農作豐收，是布農族一年中最大的祭典，也是部落小孩成長最重要的儀式。

1	2	3	4	5	6
JAN.	FEB.	MAR.	APR.	MAY.	JUN.

海線

長濱辦桌＋金剛雙浪馬拉松 5 月

辦桌集合在地店家以「一家一菜」方式，一次品嚐在地料理，時間在金剛馬拉松活動前一夜。馬拉松路程有金剛大道、八仙洞、沿途稻浪等，遼闊景緻在跑步中映入眼簾。

晚崙西亞香丁節 3 月

由東河鄉農會舉辦一系列活動，其中有香丁評選、特賣及手作活動，讓民眾、農民一起共襄盛舉。

東海岸大地藝術節
月光‧海音樂會 6-9 月

東海岸大地藝術節的活動之一，以大自然為背景，集合視覺、聽覺及味覺享受的音樂會。舉辦地點在都歷遊客中心，每月3天的音樂會活動從當日下午4點開始。

關山巡田水 9.10 月

以前居民會輪流守護稻田灌溉的水源，稱為「巡田水」。在每年夏秋之際，巡田水活動參與者會提著絲瓜或構樹燈籠巡稻田、大圳，認識關山米文化。

阿美族豐年祭 7.8 月

阿美族的豐年祭為慶祝作物豐收、緬懷祖先、感謝天地及神靈恩賜的活動。過程以歌舞貫穿，依階段進行儀式，男生負責殺豬備食，女生釀酒、準備糯米麻糬，各司其職迎接豐年祭的到來。

池上秋收藝術節 10 月

2009 起開始每年 10 月，在池上以山為背景，藝術家、歌手在金黃色稻海裡輪番演出。年年都有不同主題企畫，如 2018 雲門舞集《松煙》、2019《一條日光大道 × 海洋》齊豫、2020 主題《縱谷裡 敬天謝地》桑布伊等。

7	**8**	**9**	**10**	**11**	**12**
JUL.	AUG.	SEP.	OCT.	NOV.	DEC.

阿美族豐年祭 7.8 月

不同地區的部落豐年祭進行方式各不相同。海線的長光部落除歌舞之外，祭典期間會去採集野菜、海菜，認識山與海、訓練體能，分享所採集的食物。

阿米斯音樂節 11 月

被稱作「會休耕的音樂節」，舉辦兩年休息一年，東海岸代表音樂節之一。以都歷部落老中青為主角，並邀請其他阿美族、跨國交流活動及國內外樂團等。活動有音樂、手作、工藝及在地美食等，體驗一場圍繞在大自然與阿美族的盛大節慶。

成功旗魚季暨臍橙節 11 月

東北季風吹起時，是旗魚最肥美的季節，出航前，會舉辦旗魚神遶境儀式，保佑漁民平安豐收。鏢旗魚是從日治時期傳承至今的捕魚方式，船員需要有默契的相互合作，才能成功捕獲旗魚。而成功的名產肚臍橙也在同月慶豐收。

台東縱谷物產

Agriculture Products & Aquatic Products of Taitung Rift Valley

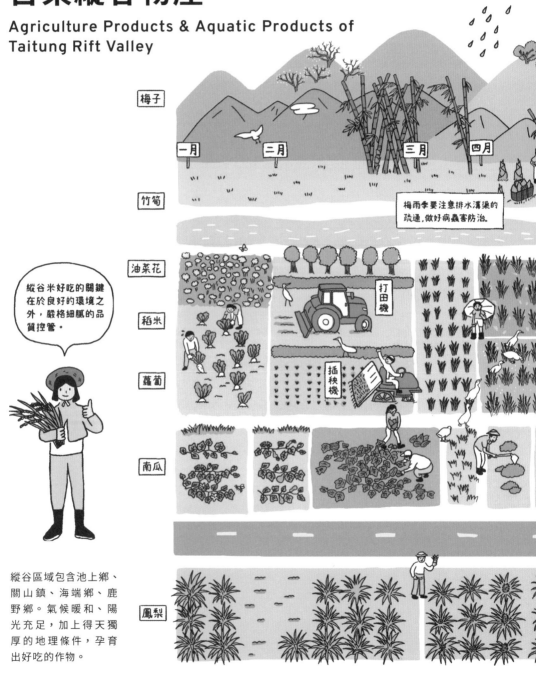

縱谷區域包含池上鄉、關山鎮、海端鄉、鹿野鄉。氣候暖和、陽光充足，加上得天獨厚的地理條件，孕育出好吃的作物。

台東海線物產

Agriculture Products & Aquatic Products of Taitung Coast Line

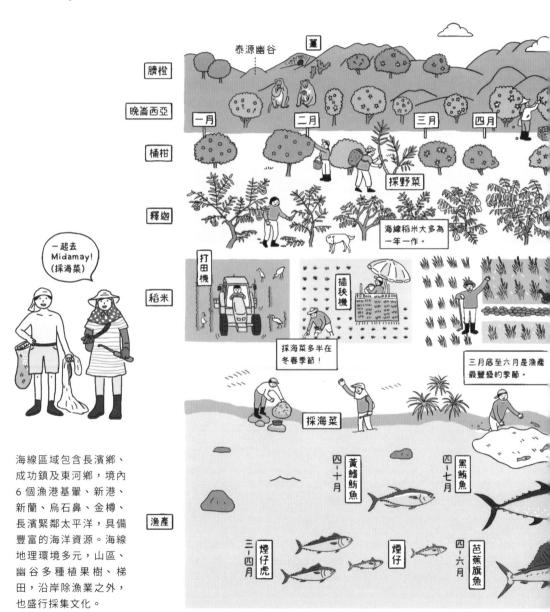

海線區域包含長濱鄉、成功鎮及東河鄉,境內 6 個漁港基翬、新港、新蘭、烏石鼻、金樽、長濱緊鄰太平洋,具備豐富的海洋資源。海線地理環境多元,山區、幽谷多種植果樹、梯田,沿岸除漁業之外,也盛行採集文化。

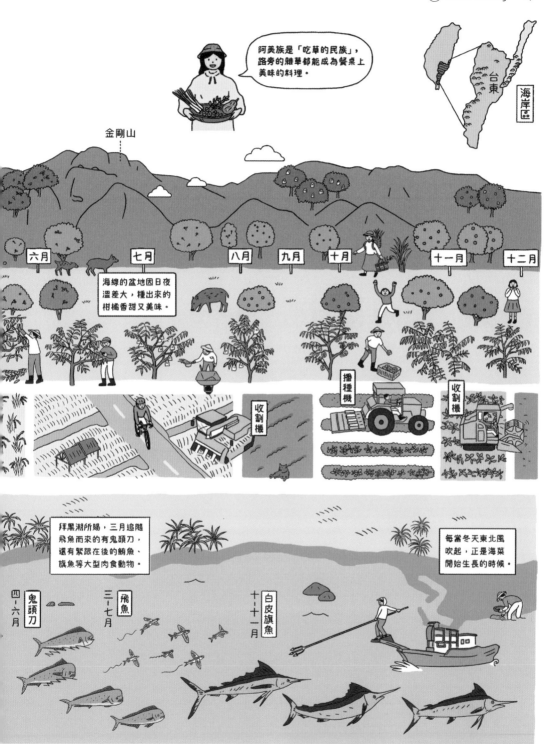

台東食物記憶

Fooding Taitung : Taste of Memory

透過大家記憶中的美食，描繪出「地方受訪者」思念的台東食物地圖。從訪談過程中認識了台東的料理，也看見大家對台東土地的情感及認同。

念念不忘的台東菜
Unforgettable Taitung Dishes

時令不同，夏冬兩季中產地的食材也各有風味。
在地受訪者在不同時節的更迭中，記憶裡的台東美味是什麼呢？

夏　夏天吃什麼
冬　冬天吃什麼
食育觀點：食育怎麼做

周欣宜 東管處

夏　Siraw、野菜湯、芋梗湯、竹筍酸辣湯。
冬　肚臍柑。

羅淑圓 臺東縣政府

夏　巴吉魯煮小魚乾、紅燒鬼頭刀魚蛋、
玉荷包、薑絲炒絲瓜、炒地瓜葉。
冬　香煎旗魚排、炒油菜花、桶仔雞、
薑母鴨、熱梅汁。

選用當地盛產的季節食材加上適
當烹調，讓學生在學校午餐用食
色香味觸五感來認識台東生產的
食物。

南美瑜 文化工作者

夏　阿美族的冰涼酸筍辣椒湯、
米酒醃雞心椒。

小而辣！

喇尼忽＆媽媽 海端釀咖啡店主

喇尼忽媽媽：
黑糖泡飯，自己的搗麻糬，
甜點是野草莓跟野生小番茄。

喇尼忽：
柴燒烤肉、樹豆排骨加刈菜。

大白 走走池上 店主

每個部落都不一樣的
Abay、池上的米和野菜湯。

高翊寧 池上穀倉藝術館館員

烤吳郭魚、Abay、鬼頭刀、
梅干扣肉、血腸、 山產湯、
炒蝸牛、樹豆排骨湯。

😊 把生活環境與食材做鏈結，會
發現皆有關聯性。

Mala 台東高中熱食部部長

🌞 魚苗＋醬油＋芥末、鹽酥倒退嚕、
三杯蝸牛、香蕉。

❄ 舅媽煮的黃瓜排骨湯。

Aiku Kituru 店主

蝸牛南瓜湯、龍鬚炒蝸牛、山
羌肉、香菇雞湯、釋迦、荔
枝、芒果、西瓜。

😊 回到鄉下去吧！回到種植食
材的地方，回到產地。

潘韋如 ISwell 店主

🌞 小米酒、路邊的酪梨果、香椿涼
拌豆腐、蔬菜豆腐湯。

❄ 酒釀湯圓、米酒辣椒、炒高麗菜
芽、酸菜炒麵腸。

😊 從永續及友善環境的種植方式開
始，了解食和土地的重要性，並
且透過台東食材產地的優勢，運
用創意提升食及料理。

林志豪 打個蛋海旅店主

山地飯、小米粽、樹豆排骨、龍葵、
老薑魚干、Siraw。

蔡佩玲 關山鎮公園管理所所長

米、關山草仔粿、Abay、老蘿蔔雞湯。

See more_FB # 台東食物記憶

調查員的食物記憶
Food Notes

01　老蘿蔔雞湯
陳年的滋味更甘甜

老、中、青三代蘿蔔加上雞肉燉煮，湯頭濃郁順口，會一口接一口。

＊老蘿蔔有「黑金」一稱，越老越昂貴。

02　藤心雞腳湯
苦甘的滋味

藤心口感脆脆的，苦甘的味道，加上雞腳或排骨一起燉煮，越喝越上癮。

03　米酒醃辣椒
酒香四溢的小辣椒

雞心辣椒加上米酒、鹽醃漬，外皮保持脆感，咬下去酒香四溢，愛吃辣的可以來上幾根。

04　車輪果
新鮮現採

車輪果只需簡單的調味，就可帶出自然的甘苦，是台東隨處可見的食材。

05　Abay
香香的小米粽

簡單的小米粽，味道可不簡單。豬肉肉汁將小米包裹得剛剛好，加上假酸漿葉，以及外層月桃葉香氣，配起來剛剛好的清爽。

06　蕗蕎沾鹽巴
又稱阿美沙拉

在台東市場常見的蕗蕎，味道嗆辣，適合和醃肉或臘肉一起食用。也可用鹽巴、白醋、砂糖醃漬，和重口味料理搭配很爽口。

⑦ 冰涼酸筍湯
夏天開胃好菜

將煮熟的竹筍加上鹽巴和辣椒及湯汁，放進密封罐，冷藏等待發酵，也有的會加入芋梗、竹筍、辣椒等一起醃漬。配上冰水冰塊，夏天透心涼。

⑧ 炸鬼頭刀
清甜香酥的海味

東海岸盛產鬼頭刀，經過酥炸的鬼頭刀，魚肉肉汁包裹在酥脆的麵衣，咬下去鮮嫩多汁，一不小就會吃掉一包。

⑨ 牛汶水
客家小點

牛汶水，形狀像是水牛在田中玩水而留下的凹洞，因此有此稱；會加上炒過的芝麻、花生顆粒與黑糖水，相當夠味。

⑩ 搖搖飯
清爽的野菜飯

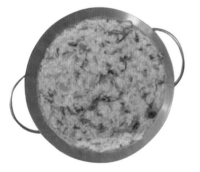

為了避免燒焦，煮飯時會一直攪動，所以稱作搖搖飯。口味清爽，裡頭是當日新鮮野菜，搭配一旁的鹹魚、豆腐乳，味道更有層次。

⑪ 三杯海豬腳
想來一杯的佳餚

海豬腳是「旗魚的尾巴」，肉不多但有膠質豐富，吃完會有點黏嘴，加上三杯鹹香滋味，相當下飯或適合搭配飲品。

⑫ Toron
Q 彈口感

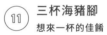

Toron（嘟倫）是阿美族慶典上的主食，現打熱熱的Toron，吃得到糯米香，口感 Q 彈，飽足感十足。

⑬ 柴烤山豬肉
香氣四溢

原汁原味的柴烤山豬，豬皮烤得焦香酥脆，肉香嫩多汁。調味簡單，加點鹽巴或馬告，就可以讓味道提升到另一個境界。

P30
四維路三段
四維路三段
四維路三段
傅廣路
臺東美術館
新生路
P40
P46
漢中街
開封街
台東市

池上伯朗大道
池富道路
天堂路
P36
池上鄉

三民路
中華路
9
P28
民生路
P38
和平路
民權路
民生路
關山火車站
關山鎮

P48
11
P80
中正路
P52
P54
大勇街
五權路
中正路
光復路
P50
中華路
中華路
P82
成功市場
P34
光復路
P56
成功鎮

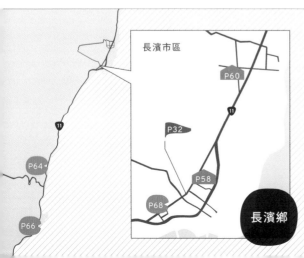

長濱市區
P60
11
P32
11
P64
P58
P68
P66
長濱鄉

P70
都蘭市區
都蘭國中
11
P44
11
P42
都蘭糖廠
東河鄉

台東食旅
Fooding Taitung

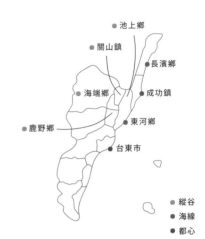

- 池上鄉
- 關山鎮
- 長濱鄉
- 海端鄉
- 成功鎮
- 鹿野鄉
- 東河鄉
- 台東市

調查員發現縱谷與海線風景、物產大不相同，
縱谷稻田雲霧繚繞，而海線梯田、山海盡收眼底；
幅員廣闊的台東，南迴、離島、都心持續探索中。

- 縱谷
- 海線
- 都心

關山市場
Guanshan Market

地址：台東縣關山鎮和平路 87-5 號
營業時間：06:00-11:00，無固定公休日

「照片不要拍到這個飲料內！」
吊嘎大姐說歸說，
也沒有要把台啤藏起來的意思。

關山市場外邊，以白色地磚在地上圍出的兩米方格子，每格一個早上租金 30 塊，供人租用擺攤。遇上的第一個菜攤不大，卻有 7 人圍坐，攤位空間都給椅子佔去，台啤金牌偷偷藏在秤子後頭，塑膠杯添了又空，只有咯咯的笑聲一直是滿的。

對面，是輪廓深深、全妝後簡直瑪丹娜的阿美族阿姨菜攤。攤上盡是常人難以指認的東西，以為是某種菇類的瘰瘰菜乾，原本竟然是膨白大朵的花椰菜，而那包黑黑的類魷魚絲，過去是胖又長的菜豆。這些乾貨醃物的製造在瑪丹娜心中都有個時間表：長豆要曬 4 天、花椰菜乾得曬 2 週、小辣椒醃 2 個月差不多、梅乾菜至少放 2 年起跳，至於蘿蔔乾，忘記醃多久了。

關山市場內分為 ABCDEF 區，分別賣獸肉、蔬果、雞鴨魚、飲食、百貨、雜貨。佔地不小的百貨區，有個偶爾上台北萬華批衣服回來賣的阿姨，一口氣租了 2 個攤位，以鋪天蓋地排山倒海的氣勢掛滿衣服，色彩豔麗風格多元，還兼賣台灣老牌真珠膏面霜。70 歲的阿姨非常滿意自己打造的這片天地，即使賣出的速度永遠追不上批來的量，依然興致勃勃地說下禮拜要再到萬華挑衣服。

生食區的其中一個攤台則被佈置得像公共廚房，有個大鍋和瓦斯爐，油鹽醬醋一應俱全，不時有人拿碗來添一杓紅棗枸杞燉豬肚，邊喊燙邊端回到 5 公尺外的魚攤上享用。這魚攤今天不營業，擺上長桌和幾把凳子，豬肚湯佐台啤配朋友，一大早就放鬆得像下班後的深夜食堂。

也對，如果能在一天的開始就很快樂，何必等到深夜呢？

written by_ 蘇菜日記

1. 吊嘎大姐（右 3）平時在台北工作，偶爾回來幫姐姐顧菜攤　2. 關山市場在天后宮前　3. 市場老闆自己醃漬的米酒泡辣椒及菜脯

馬蘭市場
Malan Market

逛的時候會唱歌

人家說馬蘭市場得早點去，聽說會有一群阿美族長輩，清晨五六點就出動，扛著剛摘的菜和醃漬物來市場外頭擺賣，每種東西都可能只限量一份，六點就搶才會贏。

馬蘭市場外邊的小路，小攤夾道而生，尤其那整排阿美族菜攤，清早就被台啤逗得很嗨，嗨之餘不忘推銷產品，指著一根綠色的東西說是「易頭的消海」，呃，我猜他們說的是「芋頭的小孩」，也就是連著葉梗的未成熟小芋頭「芋槐」，和薑一起煮，再淋點醬油，「保證吃完浮起來」。

外頭菜攤熱熱鬧鬧，挑高的市場建築裡頭也有小小的騷動。開業攤位不多，倒沒一樣東西少，把居民的日常需求打理得妥貼，早餐攤爐上的小餛飩每日滾著，角落的土地公神像，天天有人奉上鮮果，偌大的市場依然由人們撐起。

離開市場前，回到路邊的阿美族菜攤，卻不見剛才預定的一包辣椒葉⋯⋯阿姨用力打了一下額頭：「啊，我忘記嘞！」便推薦我改買一罐由酸筍、綠辣椒、紅辣椒浸泡的「阿美族酸辣湯」，理由是「吃的時候會唱歌」。

究竟什麼叫做「吃了會唱歌」？似乎不是一個需要究底的問題，大概就和吃到芋槐會「浮起來」一樣，是身體能給予最美好的反應。

written by_ 蘇菜日記

地址：台東縣台東市馬蘭市場 315 號
營業時間：06:00-10:00

1. 一群阿姨們邊擺攤邊交
流感情 2. 老闆自製的米
酒辣椒、Siraw
Siraw 是阿美族的傳統料
理，由粗鹽醃製生豬肉而
成 3. 市場外的手工蛋餅

2

3

長濱市場
Changbin Market

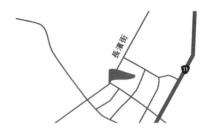

地址：台東縣長濱鄉長濱街（鄉公所附近）
營業時間： 06:00-10:00，會因天氣調整

長濱菜市場一個攤位總有好多位老闆，
大家互相串門子，
與其說是在做生意，反倒更像是一起在這邊過生活。

說到哪裏可以買到豐富的野菜、海菜，就一定會提到這個位在長濱街上、早上限定的長濱街市。

早上八點抵達，只見馬路兩側滿滿的攤位，都擺放了各式各樣的野菜、海產、Siraw 等，聊天聲此起彼落，熱鬧非凡。有趣的是，長濱街市的攤位幾乎都不只有一個人在顧攤，而是由好幾個人聚在一起，帶著自己的椅子，排成一排坐在一起聊天。

當這攤的老闆跑去找別攤聊天時，隔壁攤位的老闆會馬上補過來幫忙介紹，然後另一個攤位的老闆，會扯開嗓門：「有客人欸！」的叫原攤主趕快回來。座落在轉角處的某個菜攤，就同時有 6 個老闆在顧攤，攤位上擺放整整齊齊的蕗蕎、香菜、紅皮蘿蔔、南瓜，還有木鱉子葉，還不時會幫隔壁攤的老闆推銷他的糯米飯。聽著在地人說：「長濱街市可以說是他們感情交流的會場，要是今天沒有同伴一起來擺攤，可能會少好幾攤，一定要一起擺才不會無聊。」

長濱市場的老闆幾乎人人都是採集高手，野菜是當天清晨五點多去山上採集來的，所以在市場所看到滿滿的野菜，可都是剛剛才被採摘起來的，正可謂「產地直送」，說有多新鮮就有多新鮮。

鄰近海邊的長濱，當然有豐富的海菜及海產。他們通常在收攤後，確認今天的潮汐，算準時間前進海邊採集，經過處理，隔天帶到街市販賣。

想逛長濱街市要趁早，一到早上十點，老闆們準時下班，有些人準備去採集、有些人準備回家做飯、有些人找鄰居串門子，大家可都很忙的。要是來得太晚的話，就看不到東西了。

1

2

3

1. 轉角的菜攤光是老闆就有六人，除了販賣自己的菜，也會幫忙推銷隔壁攤的產品　2. 早上長濱街上十分熱鬧，路的兩旁有著滿滿新鮮的野菜、海鮮　3. 老闆清晨新鮮現採的蕗蕎，整理乾淨後馬上帶到市場販售，可說是產地直送

新港漁港
Hsin-Kang Fishing Harbor

地址：台東縣成功鎮港邊路 19 號
營業時間：週一 - 週六，週日休市
　　　　　12:00-14:00 為漁貨拍賣時間
漁會網址：https://kuroshiofish.org.tw/

中午時分人潮陸續聚集，
人人帶著銳利的眼光與矯健的身手，
拍賣現場一刻也不得鬆懈。

船型的白色建築，位於成功鎮的港邊路的新港漁港，於 1932 年興建完畢，1996 年擴建完成，是現今台灣東部最大的漁港，也是目前少見仍有漁獲拍賣的漁港。由於附近有黑潮流經，帶來豐富的漁業資源，鬼頭刀、鰹魚、旗魚等，都是新港漁港常見的魚種，可以說是東海岸近海漁業的重要基地。

除週日休市日外，漁船通常在一大清晨出港，中午過後，會陸續返回漁港卸下辛苦捕撈上岸的漁獲。此時，漁市場內也陸續聚集了承銷商（買家）前來勘查今日的漁獲品質，有的人靠眼睛觀察、有的人用鉤子翻開魚鰓，每個人都有不同的評鑑方式，但同樣的是大家都摩拳擦掌，準備十二點半的漁市場拍賣，希望可以競標到自己看上的漁獲，一時之間漁市場熱鬧非凡。

哨音響起，大家開始往同樣的方向聚集，而人群的中央，正是漁獲拍賣的靈魂人物——糴手，也就是漁獲拍賣員，需要經過至少三年的培養才得以出師。「九十、八十、七十……厚！瓦機尾（換這尾）！」糴手聲音宏亮有力，語速快到像是在用台語饒舌一樣，經驗不夠的我們還沒反應過來，就迅速成交，換拍賣下一條魚。拍賣現場就有如比武大會現場，所有人屏氣凝神。糴手邊喊邊用銳利的眼神注意每一位買家，高手過招不需過多的語言，多年的默契讓他們可以精準的抓到買家們的小動作，有的人點頭、給個眼神、有的人動個手指，電光火石之間，漁獲成交。成交後，得標買家將自己的印章交給一旁糴手的徒弟蓋章，並在魚上張貼代表自己身份的紅字紙張。即使不能參與買賣，在一旁觀看也是十足有趣。

新港漁港外有許多海鮮料理餐廳，在餐廳內所吃到的料理幾乎都是由旁邊的漁港新鮮上岸，產地餐桌幾步距離。再往港邊走去有漁會超市，內有各種海產與漁夫補給品。

1. 白色的船型建築是新港魚港的外觀　2. 每日清晨，漁夫們由港口啟航捕魚，大約在中午返港卸貨　3. 買家來到拍賣現場競標魚貨，糶手喊價，一旁徒弟負責登記　4. 公的鬼頭刀頭型有如一把菜刀（下），母的鬼頭刀頭型較圓（上）

豆芳華
Doufanghua

地址：台東縣池上鄉萬安村 4 鄰 23 號
電話：089-863-781，0980-704-989
營業時間：週一 - 週日，午餐 12:00-17:00
　　　　　晚餐 18:00-20:00，用餐需預約
FB：豆芳華

對黃豆的講究與堅持，
走訪全台，
只為尋找記憶中最完美的豆腐香

談起豆腐，不禁想到日本導演小津安二郎的《我是賣豆腐的，所以我只做豆腐》，其實內容與製作豆腐無關，意指專注自己所擅長的事；而池上有位豆腐哥「他賣豆腐，但不只做豆腐。」他確實是做豆腐的，不過除了做豆腐外，他從最源頭的黃豆開始種植。

豆腐哥原本是餐飲業的高階主管，每日面對客人與數字的生活讓他決定沉澱自己，因緣際會下在苗栗表姐家的豆腐店學習傳統豆腐製作。台灣的黃豆大部分都是國外進口，豆腐哥開始思考使用台灣黃豆做豆腐，第一批台灣黃豆做出來的豆腐相當美味，但之後的台灣黃豆，因品質不穩定而影響豆腐製作。

為了尋找黃豆美味的答案，豆腐哥走遍台灣，最後落腳於台東池上，在一片荒蕪的土地中開始種植，打田、播種、巡田、收豆、運送到西部去挑選黃豆，豆腐哥過程全親自參與，而在這塊土地所做出的豆腐，味道正是豆哥當初品嚐到的美味。巡田、拔雜草是豆腐哥例行工作，收成後的豆子需要經過日曬乾燥、挑選，每個階段親力親為。除了人愛吃豆之外，不同成長階段，會出現不同的消費者，鳥類愛吃小荳芽；長大約十幾公分時，山羌會食用嫩葉，導致豆株長分枝，無法結實累累。豆腐哥指著前方株被山羌吃掉的嫩苗說：「我有一座山，是專門種給這些動物吃的。」

豆腐哥有多年餐飲業經驗，訓練出敏感的味蕾，料理黃豆、製作豆漿與豆腐，烹煮都是恰到好處。煮豆漿需要準確計算加上敏感的嗅覺與味覺，豆腐哥說：「很多豆漿煮過頭，豆漿就會酸掉了，失去原本該有的滋味。」製作豆腐是用傳統手法──鹽滷，再用重物重壓製而成。吃一口豆腐，豆香濃郁、口感綿密，加上一點調味料呈現豆腐最原始的美味。下肚後豆味仍在口中殘留餘香，想必這就是豆腐哥當初吃到的感動吧。

1. 豆腐哥製作的豆製產品 2. 豆腐哥 3. 毛豆是黃豆、黑豆的年輕時期，豆子呈鮮綠色，在豆子成熟後採摘，鮮莢上有許多茸毛，所以稱為「毛豆」。而等到枯熟時，視豆子的顏色區分稱它為黃豆、黑豆或茶豆

pic 1 from_ 豆芳華

地址：台東縣關山鎮和平路 83 號
電話：089-811-100
營業時間：週一 - 週日，08:30-20:00
FB：關山便當

關山便當
Guanshan Bandon

溫熱的美味便當，
除了豐盛的配菜及香 Q 米飯之外，
更蘊含著對土地滿滿的感謝。

買上一盒溫熱的鐵路便當，應該是許多人在搭乘長途火車時的重要儀式，溫熱的白飯、配菜、滷蛋及肉片，一打開羨煞多少人。1970 年創立的關山便當，便是從關山月台上發跡的美味便當。

「一開始是媽媽準備便當給在鐵路局上班的爸爸，因為太美味，爸爸的同事們也加入訂便當的行列，後來風評越做越好，索性開起店鋪販售便當。」人稱邱爸爸的第二代經營者邱志宏說。

「剛開始在月台叫賣，需要非常大的勇氣，但第一聲『便當！』喊出去之後，就敢了。」回想過去提著便當到月台上叫賣的情景，邱爸爸依然歷歷在目。身為便當店長大的子女，沒有假日是家常便飯，但他依然十分熱愛這間跟著他一起成長的店面。畢業後邱爸爸與太太邱媽媽一起接手關山便當，邱媽媽說：「剛嫁過來的時候什麼都不會，就從最基本的洗菜、炒菜，到學煮飯的技巧。」30 多年過去，如今邱媽媽掌廚架勢快狠

準，一點也看不出當初生疏的樣子。

木製便當盒裡，盛裝著粒粒飽滿的關山米，炸得金黃酥脆的炸殼、半顆滷蛋、清脆的蔬菜、醃漬嫩薑、大塊豬肉片，配上一匙邱媽媽特製的辣菜脯，當作午餐好滿足。「米來的時候如果有混雜到品質不好的，我一煮就知道，馬上會退貨。」邱爸爸邱媽媽對於食材把關嚴謹，絕對要求讓顧客吃到最棒的料理。

因為對這片土地深厚的情感，邱爸爸和邱媽媽也積極參與地方事務的推動，發起關山夜巡田水，為了讓更多人認識關山米所生長的土地。每年的 9、10 月，大家會提著燈籠巡田水，成為守護關山米的一份子。除了振興地方文化外，也感念先人守護水源的辛勞，更是向如母親般的卑南溪表達感謝。「能夠生活在關山這個地方真的太好了，吃得到最新鮮美味的食物，這是我覺得最幸福的地方。」邱爸爸滿懷感謝的這麼說。

1. 關山便當的招牌便當 2.「炸殼」是關山便當的獨門研發的炸豬油，需準確掌握火候與油炸時機，才能炸得酥脆不油膩 3. 夜訪關山遊龍守護關山圳活動時大家會舉著發光的龍一起巡田 4. 邱爸爸及邱媽媽

pics 1,3 from_ 關山便當

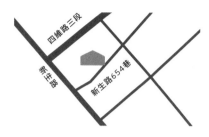

STORE

不二
Taitung Slow Food

地址：台東市新生路 654 巷 11 號
FB：不二
電話及營業時間請私訊 FB

堅持天然、無添加，
保留食物的原味，
讓人味覺更敏銳的神奇麵包。

「身土不二」一詞源於佛語，意指人與環境是息息相關的，我們在這片土地上生活，食用這片土地生長的作物，被這片土地滋養著，若是環境遭受破壞，我們自身也會受到影響。

位在台東的「不二」，秉持著身土不二的精神，運用無毒栽種的在地食材，融入麵包當中，製作過程無添加，想讓大家品味食物最純粹的味道。

「比起我的麵包，我的姪子更喜歡外面賣的那些有過多添加物的產品。」老闆娘 Via 感嘆的說，過去的她原本也和姪子一樣喜歡吃外面加了很多加工物的產品，兩年多前，工作的壓力及飲食方面的不正常，讓 Via 的身體開始出現問題，洽詢中醫後，她從飲食方面著手，清淡飲食，不過度調味，品嚐食物的原味。她提到，以前吃的食物加了太多的添加物，讓味蕾被破壞，反而吃不出食物最純粹的味道。開始調整飲食後，Via 說：「漸漸的，我覺得我可以吃到的味道反而變多

了。」原本對味道麻木的舌尖開始懂得細細品味，欣賞每個食物本身的風味。

辭職後，Via 學習歐式麵包製作，不二於台東市的小巷子內落腳。堅守不過度添加、使用在地新鮮食材的原則，用最單純的麵粉、酵母揉成麵團，結合朋友的有機玫瑰、自家栽種的蜜雪芒果及火龍果、小農種植的洛神花、荔枝等，香氣與麵包完美融合。每天的麵包口味皆不相同，但同樣的是，每一口吃下的都是來自東台灣的田園風味。

不二的麵包很有嚼勁，而且越嚼越香，入口先品嚐到花果香甜，隨之而來的是在嘴裡擴散的麥香、麵香，最後在口中殘留的是麵包本身的清甜。Via 的麵包需要細嚼慢嚥，仔細品嚐嘴裡擴散的每個味道，漸漸覺得自己的味覺變得敏銳起來。

1

3

2

1. 季節限定的不二 9 號，由火龍果、蔓越莓所做成，材料堅持使用無毒栽種食材　2.Via 的法棍很有嚼勁，仔細品味，麥香在嘴中擴散　3. 不二的老闆娘 Via

STORE

不忙
Bu Mang

地址：台東縣東河鄉都蘭新東糖廠對面黑貨櫃
電話：0921-365-750
營業時間：10:30-19:00，週二公休
FB：不忙 Bu mang

不斷鑽研各種台東食材、開發新品，
對於產品要求極高的老闆娘，
來到台東反而過上了更忙碌的生活。

都蘭糖廠對面一間黑色的貨櫃屋，一走近玻璃窗，老闆娘馬上笑容滿面的推開窗口。口味多樣的冰淇淋、顏色鮮亮的手工果乾、樣貌圓圓的雞蛋糕及琳琅滿目的飲品，每一樣都讓人很想嚐嚐。老闆娘說「不忙」像是生活態度，製作上以最少的添加展現食材原味，藉由品嚐一片果乾，為繁忙的生活偷一刻空閒，享受食物的原味。

芭蕉、紅龍果、香水芒果、晚崙西亞香丁等新鮮水果製成的繽紛果乾，以低溫乾燥方式鎖住自然酸甜滋味，讓產地以外的我們能品嚐到這些特殊食材。為了控制每一片果乾的品質，老闆娘在水果大小的挑選十分用心，讓每片果乾的切面如同複製般大小、形狀幾乎一模一樣，無論在味覺或視覺上都讓人驚艷。

在保鮮上，以氮氣取代防腐劑，維持果乾風味，不含人工添加物是不忙的堅持。不同水果因特性不同，烘烤時間也有差異，芭蕉果乾約需要一天，

而火龍果則需要三天三夜以上的烘烤時間……這些都是老闆娘經歷 6 年不斷嘗試與調整所得出的最佳秘方。

另一項招牌手工冰淇淋，由鮮奶、鮮奶油加上原食材製作。仙草、薑黃、馬告、鳥屎椒等特殊、多樣的口味是老闆娘一次次嘗試的成果。馬告味道清爽帶有檸檬香，在炎炎夏日中品嚐十分消暑，是令人難忘的好滋味；鳥屎椒冰淇淋，剛入口是淡淡的奶香味，緊接而來的辣味在舌尖擴散開來，辣到喉嚨的時候剛好消失，大喊「好辣、好辣」的同時趕快品嚐一旁肉桂口味的冰淇淋，溫和微甜的肉桂香，剛好中和了被刺激的舌頭。

除此之外，還有像是滿月一般的雞蛋糕、料多滿滿的口袋餅，不斷鑽研食材、比例、配方與開發新品，老闆娘的不忙讓她過上很忙，但卻忙得很有成就感的生活。「我想說怎麼我搬到台東，還比以前更忙啊！」

1

1. 總是笑臉迎人的不忙老闆娘　2. 需要用兩天的時間控溫烘培，完成超級美味鳳梨果乾　3. 老闆娘開發的新菜單，口袋餅　4.馬告磨粉，製作冰淇淋的材料

2

3

4

pics 2,3 from_ 不忙

STORE

出力釀
Truly Wine

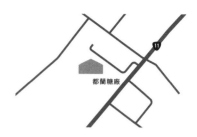

都蘭糖廠

地址：台東縣東河鄉都蘭村 61 號新東糖廠
電話：0925-355-510
FB：出力釀 sticky rice wine

**傳承阿嬤的釀酒手藝，
用快樂釀造出
入口會回甘的開心糯米酒。**

「酒麴是活的，做酒時候的心情都會影響酒的味道，所以我們釀酒的時候都要保持心情愉悅。」出力釀的創辦人許震詮如此說到。「出力」是加油的意思，同時也是阿嬤的千叮萬囑，做酒一定要用心出力。

「以前慶典時家家戶戶會自己釀酒提供給大會，不好喝會被退貨，阿嬤釀的因為很好喝，從來沒被退過。」3 年前，有感於部落文化的流失，想讓自己的孩子能夠更認識自己的文化，震詮與太太從台北返回都蘭生活，向岳父學習從阿嬤傳下來的阿美族酒釀，也是希望將與原住民息息相關的酒食文化流傳下去。他與太太花了 2 年的時間學習釀酒，其中 1 年在台灣東海岸進行酒麴的田野調查、認識草藥，用的草藥不同，釀出的酒風味也會不同，像是他發現在花蓮到長濱偏北的酒麴會比較香辣，再往南則會偏甜一點。

他提到，做酒是十分嚴肅的一件事情，需要非常

的專心，一粒米都不可以浪費，經過岳父的嚴格教導及多次的磨練，才終於做出部落老人家記憶中的味道。

至今在做酒時，震詮仍堅守阿嬤傳下來的流程，釀酒前先祭祀，保佑做出的酒很成功，再來是做酒時一定要唱開心的族語歌，而且一定要開心，因為酒麴都感受得到。「如果吵完架做出來的酒，味道會酸到讓人舌頭受不了。」震詮笑著說。

出力釀最近剛於都蘭糖廠的倉庫內，裝修完成製酒工廠，機具整理得乾淨整潔，工具擺放井然有序，在酒出場前，會在儀器下確認每瓶酒品質是否沒問題才出貨，每一個步驟都能看出震詮對於做酒的認真對待。出力釀製作過程不加糖、不加水，醒酒後放一點冰塊，是入喉會回甘的好滋味。

1. 出力釀的創辦人震詮，以及位於都蘭糖廠倉庫的釀酒廠 2. 酒麴是讓酒發酵的重要關鍵，透過酒麴，可以讓澱粉糖化，並轉化為酒精，發酵成酒。每個部落的酒麴配方都不盡相同，不同配方所釀出的酒也各有風味 3. 非常順口的出力釀 4. 出力釀的製酒工廠，乾淨整潔

STORE

清亮農場
Qing Liang Organic Farm

地址：台東縣台東市漢中街 237
電話：089-230-184
營業時間：11:00-14:00，18:00-20:30
FB：清亮生態農場
網站：https://qingliang.myorganic.org.tw

天然ㄟ尚好，
自己吃得健康，也想讓大家吃得健康，
這裡的蔬果全有機栽種。

進入泰源幽谷，往都蘭山的方向前進，經過好幾個彎道，我們終於來到位在東河鄉銅礦村，海拔 460 公尺的清亮農場。

「還沒吃飯吧？」熱情清亮伯與太太端出了滿桌菜餚，清甜的絲瓜、回甘山苦瓜、菜脯蛋、淋上招牌麻油薑的白飯、甜到以為加過蜜的火龍果，餐桌上的每個食材都來自清亮伯的有機農場。

「我想給下一代吃到天然無毒的東西，我自己吃了 20 多年有機的經驗，它真的對身體很好！」如今已 70 多歲的清亮伯仍每日下田耕作，勇健的體魄完全看不出過去曾經生過大病差點喪命。清亮伯在 40 多歲時，因過勞而昏迷，連醫生都宣告放棄的狀態下，他卻奇蹟似的清醒，自此清亮伯便立志開始種植沒有農藥、化肥的作物。2010 年清亮伯成立有機加工廠，從生產到自己加工製作，過程一律無毒有機，他說：「我們吃得健康，也要讓大家吃得健康。」

山壁旁是整片葉子長得翠綠的薑田，用鋤頭挖開土壤，鵝蛋黃的嫩薑、土黃色的老薑，濃濃的薑味從土地裡竄出來。「麻油薑」可以說是清亮農場的代表，經過清亮伯不斷的試吃、改良，才研發出心中最完美的麻油薑比例，既暖身卻不會燥熱。老薑與本島薑固定比例調配，加上麻油及同樣是自家的有機苦茶油，拌白飯、麵線、炒菜、煎魚等都很適合。

路的一旁是自家栽種的苦茶樹，十月採收時忙著曬籽榨油；再往山下走，圍起的棚內是養殖的椴木香菇；再往下走的菜園，種植了絲瓜、青椒、茄子、辣椒等；梅子時節到時，忙著 Q 梅、梅子酵素等加工製作……，每日巡田、除草、採摘、加工，工作量實在驚人，但為了讓大家吃的安心，清亮伯兒子女兒一起加入加工行銷的行列，媳婦與三女兒並開設「杏容咖啡屋」，將有機的好讓更多人知道。

1. 麻油薑，是清亮伯反覆測試多次之後的最佳比例，配飯、拌麵都很適合　2.薑是一年一收的作物，春天種植，夏天收成的稱為嫩薑，冬天收成則是老薑　3.年已70的清亮伯身體勇健　4.清亮農場有機栽種的蔬果，顏色鮮亮，滿滿的青椒香洋溢空氣中

地址：台東縣成功鎮大同路 67 號
電話：089-851757
營業時間：週一 - 日，07:00-18:00
FB：福和成糕餅伴手禮 - 台東成功總店

福和成糕餅店
Fuhecheng Bakery

傳香三代，
用自己的腳步，
延續爺爺幸福和成功的滋味。

踏入位於成功鎮台 11 線上的福和成糕餅店，迎面而來的是濃郁的餅香，店內琳琅滿目的糕餅讓人口水直流。香酥的封仔餅是成功鎮知名的伴手禮，Q 彈的手工麻糬、草仔粿、紅龜粿以及黃澄澄的蛋黃酥，也十分受顧客的喜愛。乾淨明亮的廚房裡，大家每天從早晨開始忙碌，製作一個又一個美味的糕餅。

希望用手作的溫度，帶給大家幸福和成功的味道，是福和成糕餅店店名的由來，也是創始人洪錫柳希望向大家傳遞的滋味。1931 年創立至今，由第三代洪曉龍接手，如何將阿公留下來的味道傳承並且持續精進，是他不斷努力的目標。

「一直待在同一個地方，就像井底之蛙，不知道外面的世界有多大。我想去外面學習新的技能、新的想法。」因此洪曉龍向家裡提出 3 年的期限，這段時間在北部知名餅舖、烘焙研究所學習，帶著新的技術及經營理念回到成功鎮，「回來之後才發現面臨的問題很大，因為想法和上一代不同嘛。」在傳統與創新之間的磨合，洪曉龍說到對的事情就是要堅持，持續拓展不同通路、研發更多產品，並且舉辦手作體驗課程。

福和成的招牌封仔餅，外型像厚圓的小圓餅，內餡有綠豆、紅豆、白豆、芋頭及運用台東四寶之一的洛神做成五種不同的口味，烤過之後微酥脆的口感非常美味。台東池上、關山生產的圓糯米做成的香 Q 麻糬，內餡除花生、芋頭、紅豆、芝麻等基本口味，還有用旗魚炒成魚脯的旗魚麻糬，運用冬季常見的海草做成的海草麻糬，每一種都吸引人。每樣商品透過不斷的改良與創新，舊雨新知，顧客絡繹不絕，更獲得優良創新老店的肯定。洪曉龍正用著自己的方法，一步一腳印，將福和成的味道帶出成功、帶出台東。

封仔餅是什麼？

日治時期，當時台東物資缺乏，許多人在中秋節時買不起昂貴的月餅，因此和菓子店師傅便將豆餡包在餅皮中並壓扁，10 個為一單位，用紅紙包在一起、草繩捆起，並在外頭用毛筆寫上「中秋月餅」四個大字，便成了台東人中秋時吃的月餅。因為是一條裝，不是一盒，閩南語稱此一條的單位詞為「封」，因此有稱為「封仔餅」。

1. 老闆洪曉龍是福和成的第三代　2. 可以說是福和成招牌的封仔餅，除了基本口味外，還有自己研發的洛神蔓越莓口味　3. 擀開餅皮，準備將準備好的餡料包進餅裡　4. 包裝成一條條的封仔餅

STORE

東籹香傳統米食坊
Ttcg Rice Food

地址：台東縣成功鎮中華路 118 號
　　　台東縣成功鎮中華路 187 號
電話：089-851-327
營業時間：07:30-12:00 中華路 118 號 成功市場外
　　　　　12:00- 售完　中華路 187 號
FB：東籹香傳統米食坊

用濃郁米香，
喚醒成功鎮每一天的早晨，
傳承三代的客家早餐。

每天七點半一到，東籹香的第二代劉榮華便會推著 50 年歷史的小攤車前往成功市場販售，一碗碗白嫩 Q 彈的碗粿、草仔粿、發糕、紅龜粿散發著濃濃香氣、白嫩的麻糬米香十足、用月桃葉包裹的肉粽……這是成功人熟悉的早餐，亦是許多人來到成功必訪的客家美味。

從池上發跡，輾轉落腳於成功，東籹香 1949 年開業至今 70 多年，現今交到第三代兒子劉俊良的手上，持續在成功鎮發揚客家美食。

「因為在東部，客家的代表是『籹』，再加上出外打拼的年輕人可以多多返鄉承業，所以取名『東籹香（鄉）傳統米食坊』。」總是掛著靦腆笑容的俊良，從國小開始接觸家裡的生意，國中就學會磨米做米漿，即便大學出外求學，週末及重要節日仍需要回家幫忙製作趕單。俊良於 13 年前返鄉，與太太一起接手，隨著跑美食展展售，與不同職人切磋，他將急速冷凍技術及行銷推廣、通路的經驗帶回東籹香。

中午過後，攤車返回店面，休息一下，大概兩點就要開始準備產品製作。週日下午是製作甜米糕，用梧桐樹蒸出香 Q 的糯米，放入大鍋中與黑糖拌炒，再撒上葡萄乾，父子倆以極富節奏感的方式，一個翻炒一個撒料。拌勻之後，再由俊良裝袋塑形，散發有如琥珀般光澤的甜米糕才算完成。廚房一直忙到晚上七、八點才收工，直到隔天早上五、六點繼續上工作業。

「什麼樣的原料適合什麼做法，我們都要去了解和嘗試，如果我們自己覺得不 ok 的，絕對不會端上桌。」東籹香的產品都是經過多次嘗試而得到的最佳組合，為了維持自家的好品質，俊良全台跑透透只為找到心目中最棒的食材，台東縱谷出產的優質好米、雲林北港花生粉、嘉義布袋的香甜蘿蔔刨成的蘿蔔絲、屏東萬丹的濃郁紅豆泥……每一口都是傳統老店的堅持。

1. 具 50 年歷史的攤車，每天早上會出現在成功市場外，圖中為第二代劉榮華　2. 東粄香的碗粿以在來米漿及樹薯粉、馬鈴薯粉調製，配上一塊超級軟嫩的豬後腿肉，調味剛好不會膩，吃得到米香　3. 第三代劉俊良　4. 攪拌甜米糕過程看似簡單，實際上光是要拿起鏟子就非常困難了，看俊良行雲流水，神情輕鬆，實在非常佩服

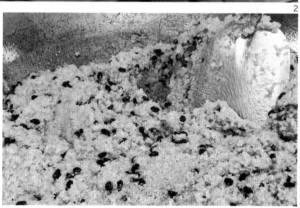

pic 2 from_ 東粄香傳統米食坊

STORE

大慶柴魚
Dachin1985

地址：台東縣成功鎮中山路 62 號
電話：089-851-133
營業時間：08:30-20:00
FB：大慶柴魚
網站：https://dachin1985.com.tw

新鮮的正鰹，
歷經一個月的龍眼木炭燒，
造就無可取代的超級柴魚。

位在成功鎮中山路上的大慶柴魚，從 1985 年開業以來，以自家製作「超濃超香」柴魚片，征服不少饕客的味蕾。與外面常見的薄柴魚片不同，大慶柴魚除了是現刨外，柴魚片也刨得比較厚，可以直接當作零嘴吃下肚，口感並不乾柴，帶了點 Q 度與嚼勁，濃郁的魚肉香氣在口中擴散。

說起製作柴魚片的歷史，要從日治時期開始，凱妮提到，黑潮流經成功漁港的漁獲量十分龐大，為了保存這些魚肉，日本人便教授當地人製作柴魚。「我們製作柴魚片的鰹魚，都會選用最新鮮的下去製作，不新鮮的魚做出來的柴魚片，會有一股魚腥味。」如今大慶柴魚交由女兒王凱妮接手，傳承職人精神，對於鰹魚的挑選十分嚴謹，選擇正鰹作為柴魚片的原料，原因是正鰹做出的柴魚片最為濃郁；使用龍眼木燻鰹魚，味道最香。

柴魚的製作方法十分繁複，目前大慶柴魚與的製作是與工廠合作，依據凱妮對品質、魚種及製程的要求，並依循古法來完成最完美的柴魚。新鮮的鰹魚上岸後先放血，接著去頭、去尾、去魚骨以及內臟，並將整隻鰹魚分成四份，依照大小排列整齊。魚肉在進窯炭燒之前，會先蒸熟，凱妮說，因為魚肉很厚，若是直接炭燒，可能會有外面焦黑，但裡面肉仍不熟的狀況發生。蒸熟後，魚肉便開始排層架進入窯中進行 24 小時不停歇的炭燒，一個禮拜後會將魚肉拿出來讓水蒸氣蒸發，2、3 天後會再進窯中 7 天再取出……如此反覆大概 1 個月後，柴魚總算大功告成。

柴魚片是味噌湯的靈魂，加點柴魚片煮高湯，湯頭鮮甜；吃豆腐的時候撒上一點，味道更有層次，若說到柴魚可製作的料理非常多元。大慶柴魚製作過程沒有加入添加物及調味，吃得到最原始的魚肉香氣。柴魚片與水一起熬煮，暖呼呼的喝下肚，幸福感倍增。

1

2

3

柴魚小知識

柴魚在日本是常見的料理調味食品,在日本稱作「鰹節」,同時也是歷史十分悠久的一項重要食材。製作時,選擇一尾新鮮且不會太油的鰹魚是非常重要的,太油的柴魚刨後容易變成粉,不新鮮則會有腥味。鰹魚處理過後經過多次大火煙燻及烘乾,去除魚腥味及防止腐敗,這階段的產出被稱作「荒節」,也是我們一般常見的柴魚。另一種則是將荒節再放上好幾個月,讓他反覆長黴菌再刮除,如此而得到最高級的柴魚,又稱作「本枯節」。

1. 凱妮是大慶柴魚第二代,接手店面後從 logo 設計到包裝,不斷思考如何讓老店有新的可能　2. 現刨的柴魚片,直接單吃當作零嘴也很涮嘴　3. 大慶柴魚也有販售整條的柴魚

STORE

越來家鄉味
Taitung Vietnam Food

給你滿滿元氣的越南料理

常在清晨五六點左右就可以看見從越來家鄉味廚房冒出的裊裊炊煙，直到晚上八點仍可見老闆及老闆娘在店內忙碌的身影。

越來家鄉味是由夫妻一起經營的越南料理，老闆娘從越南嫁來台灣已 20 年，運用成功當地的食材新鮮烹煮。老闆娘的烹飪手法來自媽媽，每當遇到做菜問題時，會越洋諮詢媽媽。生春捲包得緊實，滿滿生菜包裹蝦子、燒肉及米線；炸春捲也是一絕，內有芋頭與木耳、肉絲、米線、雞蛋，及快要滿出盤子的新鮮生菜；越式牛肉湯是用鳳梨、甘蔗、椰子汁燉的湯底，超級鮮甜，沾上烤得酥脆的法國麵包，幸福感十足。除固定菜色外，還有每日限定的特餐，週二的越南粉卷，用粉漿調製的麵皮包裹肉丁、香菇等，配上酸甜醬料及蘿蔔泡菜，作為早餐開啟美好的一天；週三的番茄米線，新鮮番茄熬煮的湯底加入手工白蝦丸，稀哩呼嚕喝得連湯都不剩；週四的咖哩法國麵包，軟嫩的雞肉、鬆軟的地瓜及芋頭，搭配香酥的麵包，讓人一秒打起精神。

「炸春捲的外皮要先噴檸檬水再去炸才會酥脆，芋頭和肉絲比例、大小要一樣，才不會吃起來口感不對。」老闆娘對料理的講究，從對自己外表的要求也可看出，不管前一天忙到多晚，隔日依然美美的出現，端出一道道暖心又暖胃的料理。

地址：台東縣成功鎮民生路 99 號
營業時間：週一 - 週日，07:30-14:30，17:00-20:00
FB：越來越家鄉味小吃

1. 番茄麵運用新鮮牛番茄熬製湯底，滿滿豬血、手工白蝦丸及蔬菜　2.包裹緊實美麗的生春捲，餡料充足，吃下很滿足　3.笑容滿分的老闆娘

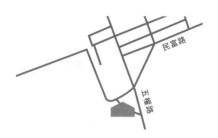

旗遇海味

Meet Marlin

地址：台東縣成功鎮港邊路 19 之 8 號
電話：08-985-2889
營業時間：週一 - 週日，10:00-20:00
FB：旗遇海味
網站：http://www.meetmarlin.com

什麼季節吃什麼樣的海鮮，
越新鮮的魚要越簡單處理，
餐桌上每個細節都是漁業文化的展現。

旗遇海味的林昱濱從小在漁港旁長大，對成功鎮及漁業文化有著深厚的情感，16 年前返鄉，跟著父親學習漁產業，從選魚、料理、產品都傳承父親的精神，食品的原料一定要經過自己把關，才能安心給客人品嚐。

與昱濱逛新港漁市時，卻發現昱濱沒有動手翻鰓或拿起魚身，整個漁獲拍賣的過程，昱濱安靜觀察、目光如炬，像是一個經驗老道的鑑定師，在適當的時機出手，交易過程乾淨俐落。「我們不用翻鰓等，只要看看天氣，瞄過漁獲，就可以決定要買哪些魚，適宜的『溫度、時間』控制，才有品質新鮮的魚。而料理時也依照食材的特性，讓客人吃得出鮮甜，適度調味，呈現出天然的美味。」

緊鄰新港漁港旁旗遇海味，走進餐廳與傳統的店面佈置與氛圍顯得不一樣，設計背景的昱濱，從餐廳、氛圍、產品都可以感受到每個細節；第一

道生魚片，一般吃生魚片時會先從白肉魚吃起，不過昱濱提到當天的紅魽較為油潤，香氣濃郁，建議我們先品嚐鮪魚，再食用紅魽，最後再食用白肉旗魚，如此可以品嚐到生魚片最佳的狀態與味道的層次。吃的時候，先沾醬油品嚐原味，感受鮮美口感及魚肉香味，再夾少許現磨的阿里山山葵放至魚肉上，沾點薄鹽醬油品嚐，更有層次上的感受。抬起頭窗外是波光粼粼的成功漁港與海岸山脈，讓人大飽口福及眼福。

而昱濱對製作成加工品的魚鬆同樣一點也不馬乎，說著：「魚鬆的材料可是用生魚片等級的漁獲來製作。」即使是魚鬆，昱濱仍堅持使用最好的食材，他說人的味蕾是可以被訓練的，去分辨食物的新鮮度，品嚐到食物本身美味與細膩之處，這正是旗遇海味職人對食物的堅持與傳承的精神。

1. 昱濱（右）挑選魚貨，太太筱倩（左）及林媽媽負責料理烹飪 2. 成功漁港新鮮上岸的生魚片第一口先沾醬油品原味，第二口再搭配阿里山現磨山葵 3. 運用同樣是生魚片等級的魚肉製作的魚鬆，左起分別是：鬼頭刀魚鬆、旗魚鬆、旗魚脯 4. 在店內用餐的同時，抬起頭窗外就是新港漁港，隨時段不同有著不一樣的風景

[STORE]

烤茶地

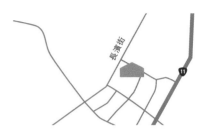

地址：台東縣長濱鄉長濱村長濱街 100-1 號
營業時間：採緣份制，需電話聯繫
FB：烤茶地

釀造是帶著期待與祝福的轉化，
心情愉悅釀造酒釀，
喜孜孜等待開封時刻的香甜滋味。

每個人從小味覺的記憶不同，對 Lahay Ina（凱莉母親）來說，是花蓮光復紅米的味道，而對凱莉來說，則是母親自製的甜酒釀，是娘家的味道。

凱莉過去從事服裝設計，辭去服裝業後有 5 年時間在姊姊的泡沫茶飲店幫忙管理，工作過程心繫著家鄉。2016 年回到長濱，回來真正的目的其實是想要好好的生活，一開始與朋友假日即興相約，在台 11 線旁擺起路邊攤賣起「烤肉及茶飲」，後來在部落姊姊推薦下，2017 年在長濱街上落腳，開設「烤茶地」。

「做任何事，重點在好玩並創造樂趣。」返鄉後，終於凱莉有完整的時間學習媽媽娘家傳統的釀造技藝，體會酒娘身份的意義，從天然酒麴製作再到釀造，釀酒是一門博大精深的技術，包含製作酒麴材料的採集、溫度控管、比例拿捏、濕度的判斷對酒麴培植有很大的影響，亦是決定酒釀風味最重要的關鍵。

酒麴配方因地區採集資源各不相同，釀製出的酒釀風味亦不同，凱莉的原料是由大葉甜香、毛柿葉、艽葉、台灣刺蕊草以及糯米所組成，採集完畢，放在臼裡以杵搗出汁液，與糯米粉搓揉均勻，滾成一顆顆的白色小球後，灑上母麴，放在陰涼處，靜候菌種繁殖，形成完美的酒麴。與工廠大量生產的酒釀相比，自然釀造需要更多的時間，凱莉提到，釀酒是等待好事情發生，功夫做足後，剩下要做的就是帶著一顆期待的心，相信自己釀出來的酒一定香甜又好喝。或許也正是因為這些等待，開封時刻每每讓人驚喜。「我是回鄉生活的人，所以烤茶地雖然有營業時間，但通常都是參考用的，要先打電話確認今天有沒有開。」凱莉笑著說，因此能夠遇到烤茶地燈火通明的時刻可是很看「緣份」的。在這裡，可以喝到各式各樣的凱莉特調，酸甜的「凱莉釀」下肚，與客人們分享故事，熱熱鬧鬧的長濱夜晚在這裡展開。有時候凱莉會開課程，不分年齡一起製造酒釀。

1. 酸甜的凱莉釀　2. 烤茶地座落於長濱街上，與哥哥一起著手進行店的裝潢及施作　3. 稻穗、米糠、白米及糯米　4. 凱莉製作的酒麴，是製作酒釀的重要元素。凱莉提到，不同的手的溫度，也會影響酒麴的樣貌與風味

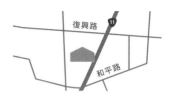

STORE

一耕食堂
Egeng Restaurant

地址：台東縣長濱鄉 97-3 號
電話：0987-226-640，無菜單需預約
FB：一耕食堂

「我還記得以前部落的長輩們晚上聚集在一起，談論著部落夢想，並且實踐的樣子。」社造背景的 Panay，回到部落，思考著自己能夠帶來怎麼樣不一樣的改變。於是她與夥伴一起從照顧部落老人家開始，誤打誤撞之下在金剛大道旁的一塊4 分地，以友善耕作的方式種田賣米，到後來開設一耕食堂，活脫脫一個超級斜槓青年。

「一耕就是一年一耕作的意思。」在一耕食堂吃到的米，都是自己辛苦種植而來的作物。希望將部落的飲食文化傳遞給更多人認識，除了餐點的設計之外，一耕食堂也與在地的 Ina 們（部落媽媽們）一起舉辦食物劇場。伊娜們以戲劇搭配說

唱的方式，帶大家一起走入台東山海田野間，認識阿美族的飲食文化，不論視覺、聽覺、嗅覺及味覺，都是一種深刻的體驗。Panay 說：「如果每個人都開始有一些改變，那會變成很強大的力量！」

一耕食堂的無菜單料理，採用阿美族飲食中重要的元素，像是 Siraw（醃生豬肉）、Fukah（酸筍）、每日新鮮現採的野菜及海邊採集，經過不斷的菜單設計後由總鋪師料理上桌，透過舌尖認識部落飲食；另外也有用自家耕種、煮得香 Q 的白米，包裹滿滿餡料的石穗飯捲，美味又飽足。

pic from _ 有家攝影工作室 / 風土蒸餾所

台東食物記憶賓果

TAITUNG'S DISHES BINGO

LEVEL.1

洛神汁	龍葵炒小魚乾	Abay	炸鬼頭刀
冰涼酸筍湯	牛汶水	老蘿蔔雞湯	酒漬雨來菇
肚臍橙	柴烤山豬肉	米酒醃辣椒	藤心炒小魚乾
十菜一湯	鹽酥倒退嚕	箭筍炒辣椒	金針排骨湯

LET'S LINE UP_

#1-3 條：咦！你真的有來過台東？ #4-6 條：懂台東喔

#7-9 條：台東女婿 or 媳婦 #10 條：台東人無疑

#10 條又不是台東人的話：這麼愛就移民吧

See more_FB # 台東食物記憶

FOOD

腳大嫂農園
Jiaodasao Farm

與家人一起種美味健康的鳳梨

位於鹿野日卡地部落的腳大嫂鳳梨田，一眼望去是青山白雲圍繞的好風景，在這可以大口呼吸純淨的空氣感受充沛的陽光。腳大嫂農園由芝修、芝齊、秉勳組成，過去沒有務農經驗的三人，懷著一顆想回家鄉與家人一起生活的心，畢業後便返回鹿野接手爸媽的農園，從零開始學習種植。

堅信美味的秘訣就是回歸自然，他們的田地以不噴藥、不施化肥的友善自然及生態方式耕種蔬果，這裡雖種植了將近 6000 顆鳳梨，但大概有2000 顆可能會被蟲咬。農園所面臨的難題當然不只因不灑藥產生的病蟲害問題，為了打響腳大嫂的知名度，除了務農外，連行銷也是親力親為。回想起剛返鄉的那幾年，秉勳說：「我們那時候就開著小貨車載著滿車鳳梨穿梭大街小巷，停在街邊一顆一顆削給大家試吃，介紹我們是怎麼種植的，吃起來又有什麼不同。」而他們也笑說，大家一吃，被這天然的美味嚇一跳，逐漸受到許多人的肯定及支持。

「你只要給人家最真實、真誠的東西，大家是會感受到的。」腳大嫂農園的蔬果，也許外表並不特別亮眼，但正是如此與環境共好的自然農法，帶給大家的不只是吃到大自然的風土好滋味，還有滿滿的安心和健康。

營業資訊 _
電話：0985-529-950
FB：腳大嫂農園
instagram：@Jiaodasaofarm

1. 左至右依序為芝齊、秉勳以及芝修，一家人畢業後返鄉務農 2. 鳳梨需要經過 18 個月的生長 3. 有雜草是因為不加除草劑，與爸媽一起守護的健康鳳梨園

pic 3 from_ 腳大嫂農園

1

2

3

宏成蝸牛農場行
Hong Cheng Snail Farm

地址：台東縣長濱鄉寧埔村八桑安 34-1 號
電話：0932-198-152
營業時間：預約制

在長濱有一群
吃得健康，住得安穩，
被藍天綠地包圍的幸福蝸牛。

位於長濱八桑安部落的一處田地，撥開翠綠的地瓜葉，裡頭是一隻又一隻白拋拋的白玉蝸牛。「我們家的蝸牛長得很漂亮喔！」一眼看過去，每一隻白玉蝸牛都長得頭好壯壯。「因為我都給他們吃天然栽種、無毒的食材。」他補充道。

選用吃起來較清脆的青綠色地瓜葉作為青飼料是蝸牛的主食，自家栽種的南瓜、青木瓜刨成絲，混合玉米粉、豆渣等食材而製成的精飼料，增加蝸牛的熱量及蛋白質，確保蝸牛良好的成長；高溫殺菌過、磨成細粉的蚵殼粉，補充碳酸鈣，讓蝸牛的殼更加強壯，再加上良好的居住環境，簡直就是幸福的蝸牛。

文大哥過去在不動產業待過 18 年、也曾自己創業，帶領過超過 40 人的業務團隊，以前從來沒有務農的經驗，返鄉後他戴上斗笠、走入田地，穩紮穩打的開始學習，除了父母的指導外，他也有一群蝸牛同好朋友們，分享彼此的經驗並共同討論。一個圈地範圍內要養多少蝸牛、圈地的面積要多大、圍欄的高度要多高……每個部分都是經過了縝密的計算及經驗的累積而得出的最佳結果。

被稱為陸上鮑魚的白玉蝸牛，肉質鮮美，高蛋白、低脂肪及熱量，可以料理的方式非常多元：焗烤、三杯、煮湯、大火快炒，不同的烹飪方式產生不同的美味。除此之外，文大哥也在發展蝸牛園體驗、相關蝸牛衍伸產品的開發，他說：「我希望能夠開發更多蝸牛的周邊產品及產業，透過蝸牛帶動這個地方的成長，讓大家一起共好。這是我最想做的事。」在這片蝸牛園裏，蘊含著文大哥對這片土地的熱愛及夢想。

1. 白玉蝸牛肉質豐厚，低脂肪及將近於零膽固醇，亦被稱作「陸上鮑魚」　2. 文大哥過去並無務農經驗，返鄉後靠著經驗的累積，發展自己的養殖之道　3. 文大哥的蝸牛田　4. 龍私廚義法餐廳製作的牛肝菌菇白玉蝸牛佐瑪莎拉白蘭地醬汁

pic 4 from_ 龍私廚義法餐廳

FOOD

新東洋養殖場
Sty Farm

吃過就回不去的白蝦

緊鄰太平洋的台東海線，擁有著最新鮮的海鮮，也因此幾乎人人都培養出了對於海產很是挑剔的味蕾；然而，神奇的是，一提到蝦子，大家會毫不猶豫的回答「新東洋的白蝦」，且最常告訴我們的一句話就是：「吃過他們家的蝦子，就回不去了！」

新東洋養殖場從入口望過去，路的盡頭就是太平洋，而兩旁是水車幾乎 24 小時不停歇的養蝦池。談起養蝦的緣起，新東洋養殖場負責人第二代李俊叡提到，過去長濱、成功的沿海是養殖九孔的重鎮，新東洋養殖場就曾是台東最大的九孔育苗場，然而 2000 年的碧莉絲強颱重創東部，導致九孔產業沒落，後來在因緣際會之下開始了白蝦養殖。

為了要讓蝦子健康的成長，一家人時刻關注蝦子各階段的生長情形，並提供良好的生長環境。「壓力很大啊！半夜都會做惡夢醒來，然後趕快去巡一下蝦池。」即使如此，仍在每一個細節裡，看見李俊叡對於蝦子的重視與用心。

除了養殖之外，李俊叡也投入後端加工，從冷凍、真空、品牌識別、包裝設計、網站經營到宅配行銷，透過不斷的摸索嘗試，逐漸累積並提升品牌價值。一口咬下李媽媽剛起鍋的乾煎蝦仁，無需什麼調味料，結實彈牙口感及淡淡鹹香，這才真正體會到什麼是：「啊，真的是回不去了！」

地址：台東縣長濱鄉寧埔村界橋 52 號
電話：08-980-1256
FB：新東洋養殖場

1. 透過飼料檢視網查看白蝦
2. 負責人李俊叡　3. 為了製造
養分充足的環境，水車幾乎
24 小時不停歇

pic 1 from _ 新東洋養殖場，
pic 2 from_ 有家攝影工作室 / 風
土蒸餾所

長濱金剛米
King Kong Rice

地址：台東縣長濱鄉長濱村 4 鄰 12 之 5 號
電話：0985-131-596
FB：長濱金剛米

金剛山下最美的稻田，
這裡的稻米吹著海風、
喝著山上清澈見底的泉水長大。

長濱米的歷史可追溯至日治時期，因當地土質含豐富腐植質，加上有純淨水質的灌溉，深受日本皇室青睞，在當時常被選為指定用米。營養豐沛的土地條件，加上西臨的海岸山脈可以為稻田遮擋日落前的西曬，日夜溫差大，讓長濱成為孕育良穀的大米倉。

近年來年輕人口外移至都市，務農人口高齡化，閒置的農地越來越多。對此有所感觸的林張凱耀決定回到台東長濱，「台東有很棒的環境，有我們該保護、維持的東西。因此回來之後就在思考，我可以做什麼努力去維護這個環境。」以此為前提，凱耀採用自然農法耕種稻米，因農地位於金剛山腳下，「長濱金剛米」之名便由此誕生。

「不灑藥的關係，我這邊還可以看到和棒球一樣大的福壽螺。」不灑農藥、不使用化學肥料，收割後會將剩下的稻穗打入稻田當中做為綠肥。凱耀耕種順應時節，重視自然系統循環，取用源自金剛山清澈見底的泉水灌溉，可以看到小蝌蚪悠游其中，凱耀的農地就是一個小小生態圈，長濱金剛米的家著實令人羨慕。

和縱谷區的一年兩收不同，長濱金剛米在 2 月播種，6 月收成，其他時間讓土地休息，養地力，在生產與環境間找到平衡。仰賴自然法則，與土地有深厚關係的長濱金剛米，讓被遺忘的自然好滋味重新回到餐桌上。

過去曾想成為職棒選手的凱耀，因為受傷的緣故放棄了從小的夢想，但他並沒有因此而灰心喪志，轉念一想：「人生那麼多條路，我不一定要打棒球啊。」開始務農後，凱耀接觸了很多不同的產業，「世界這麼大，其實人生沒那麼多侷限，在這裡還有很多不同的可能，還有很多事情可以去創造。」凱耀笑著說道。

1. 海線的田地與縱谷不同，因腹地較小，常以一層又一層梯田的形式耕種　2. 不灑農藥，這裡的田地有各式各樣的生態，圖中為福壽螺　3. 長濱金剛米的家位在半山腰，一眼望過去是無際的太平洋　4. 林張凱耀

pic 1 from_ 林張凱耀

FOOD

泰源幽谷獼米
Monkey Rice

地址：台東縣東河鄉泰源幽谷牧場 63 號
電話：02-2595-3696
營業時間： 09:00-17:00，週六、日公休
FB：泰源幽谷獼米 / 黃金糙米

不灑農藥、不施化肥，
獼猴及小動物是這塊田地的主角，
這裡生產的每一粒稻穗都是來自土地的禮物。

源自馬武窟溪的乾淨水源，這裡是泰源幽谷·獼米的產地，一如獼米的包裝，獼猴像是這裡的主人，白鼻心、山豬、松鼠、山羌、穿山甲等小動物是時常來串門子的客人。這裡的田地不灑農藥、不施化肥，四周青山擁抱，每一粒稻穗都是來自大自然的禮物。

黃忠文與太太蔡禮闈，在返鄉的 10 年間，意識到這裡的產業發展及經濟呈現停滯狀態，青壯年人口外流嚴重，隔代教養、收入問題都是家鄉的問題點，「我們就在想，如何將自己的才能回饋給部落，促進家鄉的進步。」因此忠文與禮闈 2 年前毅然決然辭去公務員及教師一職，投入在地品牌的打造，從經濟開始，先讓在這裡生活的大家有穩定的收入，未來有機會去發展更多的事業，希望能讓越來越多人回到這片土地，與自己的家鄉一起成長。

想讓消費者吃到健康的食材，忠文不斷研究友善耕作的方式。忠文說一開始要讓在地的農夫們接受不同的耕作方式，是一項很大的挑戰，他們花了半年的時間溝通自己的想法和理念，才終於達成共識；為了讓產量到達一定規模，忠文成立了產銷班；要讓獼米品牌響亮，他們在台北開設行銷部門，禮闈及行銷專才人員進行推廣。雖然推動的過程艱辛，但樂觀的忠文仍充滿熱情的說：「想要讓大家一起好，才能走得更長久。」

五鑽能量米，可說是獼米的招牌，香 Q 白米、黑米、糙米、紅米及紅藜，以分層的方式包裝，每種的份量都是計算過煮出來最好吃的比例。好的土地與環境，孕育出好的作物，除了「吃」之外，獼米更開放讓大家走訪產地，讓大家一起跨入農地，瞭解作物的生長與耕作技術，感受土地的生命力。

1. 創辦人黃忠文與蔡禮闈　2. 獼米的田地一眼望過去藍天白雲，耕作不施化肥、不打農藥，作物健康長大　3. 五鑽養生米上至下依序為白米、紅米、糙米、黑米及紅藜

pics 1,3 from_ 泰源幽谷獼米

台東米為什麼好吃？

Why is Taitung's rice delicious?

縱谷

縱谷　池上・關山・海端・鹿野

好氣候
日夜溫差大，植物易累積養分。

縱谷山風吹拂，快速蒸發濕氣，減少稻子疾病。

好水
來自中央山脈新武呂溪乾淨、有礦物質的水。

中央山脈

海岸山脈

好土質
海岸山脈沖積的黑土黏性強、有機質含量高，病蟲害不易侵入根部。

你吃過哪些台東米？

	台梗9號 良米模範生	台梗2號 比賽常勝軍	高雄139號 醜美人	高雄145號 晶鑽米, 清秀佳人	高雄147號 清香美人
特性	米粒大、耐儲存	米粒大且飽滿, 晶瑩剔透	短圓飽滿、Q軟且黏	粒型整齊、晶瑩剔透	粒型整齊、晶瑩剔透
用途	口感、Q度、彈性皆一流 冷掉後不乾硬	具彈性, 外觀、口感十分良好	冷熱皆宜	黏彈性佳, 冷卻仍Q彈	口感滑順, 有淡淡芋頭香
	炒飯、壽司、飯糰	炒飯、便當	壽司	壽司、燴飯、粥	白飯、便當、飯糰

海線 — 金剛山
泰源幽谷

海線 成功・長濱（金剛山）・東河（泰源幽谷）

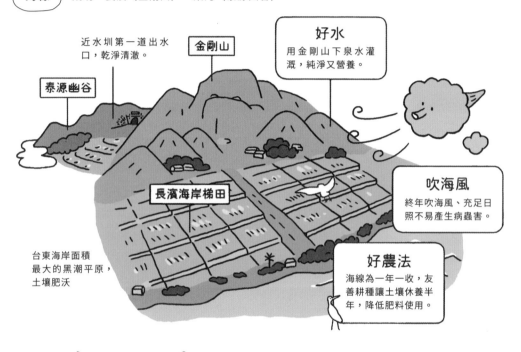

近水圳第一道出水口，乾淨清澈。

金剛山

泰源幽谷

好水
用金剛山下泉水灌溉，純淨又營養。

長濱海岸梯田

台東海岸面積最大的黑潮平原，土壤肥沃

吹海風
終年吹海風、充足日照不易產生病蟲害。

好農法
海線為一年一收，友善耕種讓土壤休養半年，降低肥料使用。

台農71號	台中194號	台南16號	台東30號
益全香米，台灣香米代表	七葉蘭香米	台灣越光米	好種，台東農改所改良
短圓飽滿、晶瑩剔透	細長、米粒小	粒型整齊、晶瑩剔透	米粒大且飽滿 晶瑩剔透
黏彈性佳，有淡淡芋頭香	有印度香米氣味，口感軟黏	外觀漂亮、口感好 冷卻仍Q彈	黏彈性佳，味道、品質好
白飯、粥、燴飯	白飯、南洋料理	壽司、白飯	白飯

Search more_
關山米
池上米 # 鹿野
米 # 長濱米 # 泰
源幽谷米

林爸爸的柑桔舖

@donghefarmer

營業資訊 _
電話：08-989-1583
營業時間：週一 - 週日，08:00-17:00
FB：林爸爸的柑桔舖

不論什麼挑戰，
大家一起面對就不怕，
由一家人一起養大的美味柑橘。

穿過小馬隧道，沿著台 23 線往北源村的方向前進，春天的泰源幽谷中飄著淡淡的柑橘花清香，用力吸幾口氣，讓肺中充斥滿滿香甜味。這個香味來自「晚崙西亞 Valencia」的花香，原產於西班牙的晚崙西亞，在日治時期引進台灣，每年 2-3 月採收季，同時也開出花苞，準備長著明年的果實，因此大家都說它是「兩代同堂」的水果，神奇的是，種植在台東的晚崙西亞，才有獨特酸味。

位於泰源村的林爸爸的柑桔舖，種植晚崙西亞至今已逾 30 年，林爸爸和太太照顧果園，女兒負責行銷販賣，一家人一起經營著柑桔園。總是笑容滿面的林爸爸，給人一種有如多年好友般的親切感，一抵達馬上熱情的切開晚崙西亞請大家享用，一刀剖開，香氣四溢、橙汁飽滿，味道酸甜得正剛好。

泰源幽谷日夜溫差高達 6-8 度，與原產地西班牙的地中海型氣候相似，優質的土壤及水源，再加上林爸爸悉心照料，因此所種出的晚崙西亞香氣十分濃郁。走入林爸爸的果園，所見到的果樹年齡皆已達 20-30 年。從種苗到果樹，需要 3-5 年的生長才得以結實累累，除草、施肥，每天都要巡邏照顧，同時也需要面對病蟲害、天災的考驗。越挫越勇的林爸爸從中學習，不斷思考如何改善，並付諸行動，讓果實順利成長。

「大顆的多汁，果皮厚一些，小的是老樹，果皮薄口感軟些，適合入口。」收成回來後的晚崙西亞會經過三道程序的清洗，再依照大小分裝、出貨，每個環節都十分注意，滿滿的心意與果實一起封箱。林爸爸說：「晚崙西亞需要 14 個月才成熟，生長期比其他柑橘又更久，所以許多農地改種釋迦。」因此每一粒的晚崙西亞都十足珍貴，數量有限，產季期間還有晚崙西亞酸甜果汁。

1. 晚崙西亞果子成熟時會同時開花　2. 香濃的晚崙西亞果汁　3. 因香氣濃郁，被稱作「香丁」　4. 晚崙西亞多汁，香氣十足，酸中帶甜　5. 笑容迷人的林爸爸種植晚崙西亞至今 30 年，一家人在泰源幽谷照顧果樹

誰是晚崙西亞？
Who is Valencia ?

台灣有一種柑橘「晚崙西亞」，不只名字充滿異國味，也的確來自國外，原產於西班牙，在日本時期引進台灣。渾身香味的晚崙西亞又稱「香丁」，目前主要栽種於台東海岸線東河鄉、成功鎮及縱谷區，每年 2-3 月為採收季。一般柑橘類成長 8-10 個月，而晚崙西亞成長的時間長達 12-14 個月，因台東日夜溫差大，孕育出香甜多汁的晚崙西亞。

See more FB_ 台東食育提案所

FOOD

都蘭山花田
Huatian Field

營業資訊 |
地址：台東縣東河鄉都蘭山東向山麓上
電話：0958-212-012，0920-016-726
FB：都蘭山花田農園

望著太平洋，
吸收每日第一道陽光，
被無敵美景環繞的幸福作物。

尋著台11線，從水往上流景點往上走，沿路上坡深入都蘭山內，看似盡頭，再走近一看，卻是住家與果園。都蘭山花田擁有絕佳地理位置，也是蔡老闆位於台東東河的果園。

一到產地，只見半個山坡地上種植著酪梨樹、釋迦樹及牛奶果樹。這些水果，簡直可以說是擁抱無敵海景生長的果物，面向著太平洋，天氣好時還可以看見綠島、蘭嶼，吸收每日的第一道陽光長大。

返鄉5年的蔡老闆，從小跟著父母親務農，直到現在，年約70歲的蔡媽媽仍然可以每天爬山採果，體態令人羨慕。「要不要吃吃看我們家的酪梨，很好吃喔。」蔡老闆分別拿出兩種不同的酪梨品種，黑美人扎實中帶著乳香味，95肉質厚Q彈、口味濃郁。佐以wasabi像是在吃鮪魚肚一般、蒜頭醬油滋味滑順，老闆的太太則推薦沾一點美乃滋，口感與酪梨完美融合，滋味帶了一點酸甜。

提到酪梨的生長，光是嫁接就是一大學問，嫁接成功後，經過大約3年之後才可以開始穩定生產肥美的酪梨。平時巡視酪梨園、除雜草及觀察酪梨樹生長狀況，都是每日必需的作業。到結果時期，需套袋防止病蟲害，避免果實蠅叮咬，同時也需要減少酪梨樹上結的果實，讓每個酪梨都可以有充分的營養及足夠的重量，也就是「疏果」。最後到了產季，也是蔡老闆最繁忙時期，每天都在與時間賽跑，要算好時間採摘，才不會讓果實落地造成浪費。

離開前再望了一眼果園，想必是因為這麼美麗的景色，及蔡老闆一家的悉心照料，才得以孕育出這麼美味的果實吧。

1. 都蘭山花田地理位置佳，天氣好時還可以看到綠島和蘭嶼在眼前 2. 蔡老闆返鄉和父母一起照顧果園 3. 加了 wasabi 的酪梨，有如在吃鮪魚肚一般，滑順嫩口 4. 酪梨產季到時，要抓緊時機採收，以免落果

辰升水産
Green Pearl Chensheng

地址：台東縣成功鎮中正路 38 號
電話：089-851-298，0933-693-336
FB：辰升水産生物科技有限公司

從養殖到開發，
不斷嘗試、不斷研究，
一生懸命的海葡萄之路。

「海葡萄和生魚片非常搭，最好的比例是一片生魚片搭配 2 到 3 條海葡萄。」辰升水産的經營者陳韋辰拿出生魚片及海葡萄，搭配不同的醬料，一口下肚海葡萄在口中吧哩吧哩的彈跳，與生魚片形成完美的融合，滿滿海味在嘴裡擴散，讓人不禁感嘆：「這個味道也太高級了吧。」

想吃海葡萄不用千里迢迢跑到日本沖繩，台東成功鎮的辰升水産就有這麼一片長在海中的綠色田地，養殖了顆粒飽滿、品質極高的海葡萄，是許多日本遊客嚐過也稱讚連連的滋味。

「海葡萄這個產業真的非常厲害！」陳韋辰說到，養殖世家出身的他在十幾年前隨著沖繩的朋友接觸到海葡萄，發現除了可食用外，還有著許多不同的可能，因此投入了海葡萄的產業，自力研讀日文養殖論文，並到沖繩研修海葡萄養殖技術。回國後，因為氣候、溫度的條件不一，他進一步研究、改良日本的技術，經過十幾年的不斷

改革，改變了日本使用飼料餵食海葡萄的養殖方式，研發了可說是全世界唯一「不投放餌料」的養殖方式。

在包裝上，連同台東成功的海洋一起裝入包裝中，陳韋辰提到，避免失水之外，也是希望讓大家看到海葡萄是在這個環境中成長。除了研發更多海葡萄的食用方式外，像是海葡萄吐司、貝果、麵條等，陳韋辰也投入生物科技，運用海葡萄開發出一系列保養品，海葡萄乳液、海葡萄化妝水、海葡萄精華液，每項商品都是經過不斷的測試及改良，才得出最佳的成果。「我希望讓海葡萄這個物產可以代表成功鎮。」陳韋辰這麼說道。

1. 辰升水產的海葡萄採用自然養殖，不放餌料及營養劑，運用來自東海岸最純淨的海水及陽光，精心的照料，讓海葡萄能夠自然行光合作用，養出來的海葡萄，球體之間密度更緊密。　2. 海葡萄在嘴巴中啵啵的口感，可以中和生魚片上的油脂，讓人越吃越涮嘴　3. 辰升水產的負責人陳韋辰，熱愛日本文化與成功在地歷史研究

FOOD

丸昌漁行
Fish Peng

中華路　光復路　中山路

地址：台東縣成功鎮中華路 136 號
電話：0987-340-326
FB：丸昌漁行

在成功漁市拍賣時，幾乎都會看見彭馨平的蹤影，神情專注認真，確認今天是否遇上自己心目中的漁獲。她是丸昌漁行的第二代，大家都稱她為彭老師。

彭老師過去是國小老師，在寒暑假會回到成功和爸爸一起工作，因不忍長輩的繁重工作，加上自己對漁業文化的熱情，10 年多前她毅然辭去教師一職，返家向爸爸學習，並接手丸昌漁行。從挑魚開始，到處理漁獲，如今彭老師已經可以說是行走的魚貨百科全書，也樂於為大家解惑。「我們的魚丸除了鹽和糖之外，沒有放入其他的添加物。」彭老師與姊姊從小到大都吃著爸爸無添加

的手工旗魚丸，秉持爸爸的堅持也想讓大家吃得健康，丸昌漁行的魚丸使用的是生魚片等級的旗魚與鬼頭刀製作而成，幾乎 70% 的魚丸都是魚肉組成。彭老師說，因為魚肉夠新鮮、品質夠好，所以不需要其他添加物就很美味，吃得到魚本身的鮮甜味。除了原味魚丸，彭老師也研發了很多不同口味，包裹肉餡的福州魚丸、濃郁的起司魚丸、咖哩魚丸等，也有魚丸的 DIY 製作課程。

希望海洋能夠永續發展，彭老師在挑魚貨時只選擇船夫每日手釣的魚。點上一盤生魚片，坐下來聽彭老師分享魚的各種知識，還不時能看到聞魚香而來的貓，感覺自己對海洋又更了解一點。

台東食物記憶賓果
TAITUNG'S DISHES BINGO
LEVEL.100

麵包果木鼓葉湯	龍葵搖搖飯	醃漬車輪	洛神排骨
蕗蕎沾鹽巴	魚米宗	繹迦牛奶	巴吉魯炒小魚乾
野草莓	血肉模糊湯	稻稈烤海膽	SIRAW
血腸	烤藤壺	樹豆山羌湯	蝸牛南瓜湯

LET'S LINE UP_
#1-3 條：不錯！台東人　#4-6 條：台東在地吃貨
#7-9 條：台東美食獵人　#10 條：台東食神

See more FB_ # 台東食物記憶

PEOPLE

莊月嬌

愛上池上的女廚師
你給食物時間，它會給你全世界

「這裡環境太好了，你看到的一切都是老天爺跟你分享的。」俐落的一分頭，爽朗豪氣的阿嬌姐言談之間滿滿是對台東好食材的讚賞。經歷過大風大浪的她，在 50 歲過後，因駐村計畫而來到台東池上，「我就是被這裡的好食材給黏住的！」愛上這片土地的食材，駐村計畫後她決定留下來，就在大坡池對面的平房住了下來。

養了幾隻毛色鮮亮的雞、擁有一塊絕不灑藥的菜園、一個面對中央山脈的廚房，移居東部的生活一刻也不清閒，過完年準備做地瓜粉、樹薯粉，端午節用野莧菜燒鹼水做鹼粽，冬天蘿蔔採收後曬蘿蔔乾，阿嬌姐的生活跟著食材時序而走。阿嬌姐身上彷彿有一個食材時間表，什麼季節要處理什麼食材，這個食材要烹煮多久，都瞭若指掌。

蓮花盛開的夏季，採摘蓮蓬、剝蓮子、取蓮心，4 個人花上將近 8 個小時才得 6 小碗的蓮子甜湯、一小壺蓮心茶，但甜湯入口時高雅的清甜氣，瞬間就能明白有多值得，她說：「我願意花上這麼多時間，就是在等這個味道。」

金黃的鳳梨切成 2mm，低溫烘烤 8 小時，是阿嬌姐給孫女準備的零食；經過 1800 天釀製的純豆黑醬油，色澤如紅酒，是來到池上第一年所釀製的；花 2 個月醃漬的破布籽，煮之前還會先花時間將籽剔除，才不會影響食用的口感……阿嬌姐對於食材的耐心，著實令人佩服得五體投地。

即使已移居將近 6 年，仍會被台東的優良食材給震懾，阿嬌姐的平板裡滿滿都是各種食材的美照。附近小農給的地瓜葉及四季豆簡單汆燙、薄切幾片頭目的醃豬肉炙燒 2 秒、白色麵線水煮起鍋，加上阿嬌姐自製的 XO 醬，希哩呼嚕吃下肚，阿嬌姐馬上露出滿意的笑容說：「你說，這是不是夭壽好吃？」

PEOPLE

Mala / 黃紹恆

愛上台東的大海
而回家鄉努力生活的斜槓廚師

「有一次我回到台東，發現台東的海真的太美了，出去後我才重新發現台東的好，那時候我就想說我一定要回來生活。」熱愛衝浪的 Mala 用充滿感嘆的語氣說道。因為愛上了台東的大海，從大學後就在台北生活的 Mala 決定返回台東生活，產品設計背景的他辭掉了原本薪水優渥的工作，並思索回到台東後自己能夠做什麼。

這時他想起高中時熱食部阿姨所販賣的貢蛋飯，顧名思義就是由貢丸、滷蛋、蔬菜、及肉燥飯所組成，隨著阿姨的退休，賣了 20 多年的熱食部也隨之休業。想讓學弟們也吃到記憶中的味道，Mala 開始當起了台東高中熱食部部長。然而返鄉的這條路上並不是一路順遂，從貢蛋飯的做法、尋找符合成本的原物料、盛裝的器皿如何讓料理更加分，Mala 都下足了功夫。

「我希望熱食部不只在於食物本身，同時也是一個可以提供全校師生更好的用餐環境、氛圍的場所。」想起過去在學校吃飯時總是匆匆忙忙的緊張感及悶熱的用餐環境，在準備熱食部開業的期間，除了菜單的開發，他也著手空間設計及打造，挑高場域、重新安排動線、通風、餐桌及座椅的選擇，每個細節 Mala 都琢磨再三，就是希望能夠打造出最好的熱食部。

「台東高中熱食部」已開張 2 年，除了貢蛋飯及貢蛋麵外，Mala 也不斷嘗試新的菜單，讓大家有機會品嚐到更多不同的品項。Mala 版的熱食部，讓中午的用餐時間不再是匆匆忙忙，而是能夠細細品味食物味道的一段時間，相信也會是東中人在離開校園後仍會不時想起的美好記憶。

PEOPLE

温上德

讓食育融入學校教育，
從認識家鄉到愛上自己的文化

踏入鹿野永安國小，校內樹林環繞、小溪流經，豐富的生態讓校園成為環境教育的活教材。在學校廚房的後方，自製的鹿窯大灶升起一縷炊煙，打開鍋蓋飄起陣陣花生香，「這是都是今天同學們去田裡現摘的，我們把這些花生一煮，他們下午可以帶回家跟家人分享。」永安國小的校長温上德說道。

「食育是生活中的一部分，不是以課堂上的特定主題出發，食育就能自然而然的融入在教育裡。」課堂上，老師帶著孩子走出教室，認識花草及動物，並飼養蝶類幼蟲進行觀察；邀請樸門農法的講師進駐校園一學期，讓學生認識自然農法及作物的生長；校園內還有一個秘密花園，在那裏有機會看見很多小動物。因為長期與多樣生物相處，孩子能輕易分辨各式自然物種，認識到環境保護的重要性，學會尊重生命。

每年冬至，全校師生聚在鹿窯大灶，搓湯圓、煮湯圓，一同過節；端午將至，校園內採集月桃葉，用有機食材做成的餡料來製做阿美族的 abay；歲末的感恩課，邀請部落耆老介紹菜的由來，再帶領大家下廚等。學校也認為，下廚是重要的生活自理能力，從小就該學習並從中認識在地特色，因此永安國小附屬幼兒園，即便是那麼小的孩子，也學習這項生活技能，像是幼兒園在畢業前就學會阿美族的煙燻飛魚干、釀神仙之水等。

永安國小的温校長跟老師們不怕麻煩，舉辦了大大小小的活動，只為了讓孩子更了解自己的在地文化，喜歡上學、喜歡家鄉，有個美好的童年回憶。知識獲得外，學習如何愛與被愛，成為一個溫暖的人。

PEOPLE

盧旻易

站在浪頭上的勇者，
與旗魚進行一輩子的搏鬥

每年 9 月東北季風吹起，風浪逐漸轉大，這時成功鎮新港漁港的旗魚鏢手們也開始預備，準備即將與旗魚進行搏鬥。鏢旗魚是日據時期傳承下來的捕魚方式，需要眼觀四面耳聽八方，隨時注意旗魚的動向，僅靠鏢台上的鞋套固定身體，手中還需舉著超過 20 公斤像是三叉戟的鏢竿，並抓準時機和對的角度「下鏢」捕旗魚。

「小時候看到爸爸在海上捕魚，覺得非常帥氣。」1993 年次的盧旻易，在漁港旁看著父親帥氣身影長大，從小就下定決心要過上討海的生活，高中畢業便跟著父親出海學習捕魚，後來向鏢手何真真及陳永福船長拜師鏢旗魚技法，如今年僅 28 歲的他已有多年的鏢旗魚經驗，也是新港漁港最年輕的旗魚鏢手，還曾鏢到最大尾 254 公斤的白肉旗魚，旻易說：「鏢到的瞬間，想起來很激動啊。」

「旗魚會浮出水面的時間非常短，一旦下沉就找不到了。」談起鏢旗魚的技巧，旻易從不藏私，侃侃而談。成為一名旗魚鏢手並不容易，學會看海相、潮流是基本，更重要的是經驗的累積，判斷旗魚動向及下鏢的角度，角度不對或者鏢錯部位，都會讓旗魚脫鉤而逃，同時如果下鏢的力度不夠，旗魚不斷拉扯，造成魚肉撕裂，也會導致上岸後魚肉受損。鏢中之後，要將旗魚拖上船也是需要一番功夫，有時甚至要和旗魚對峙好幾個小時才能成功。光是聽到這樣就已十分高難度，何況還要站在風浪劇烈的鏢台上，沒有一定的膽識，根本無法進行。

海上生活，旻易從不覺得辛苦，更多的是對每次出海不確定性的刺激感，及鏢中旗魚的成就感。看著旻易談起海洋時興奮的神情，他說：「只要我還鏢得動，我的鏢台就只有我可以站上去。」

在這裡的生活，依循時序而生，跟隨節氣而走，
冬末春初插下第一根秧苗，
第一響春雷喚醒大地，萬物甦醒，
土地再次生機勃勃，
春季的箭筍、龍葵到夏季的鳳梨，
直至秋季收成時分大地金黃，
冬季有蘿蔔一起過冬，
等待隔年春季再次到來。
台東這塊土地上，
承載千萬物種及食材，
跟著大自然的紋理，時序的推進，
探索不完美好滋味。

春耕

立春、雨水、驚蟄、
春分、清明、穀雨。

春季到來，打田、插秧，
開始稻作耕種。春分前後
的箭筍最好吃；清明前的
青梅，適合作脆梅、梅酒。

夏耘

立夏、小滿、芒種、
夏至、小暑、大暑。

6 月收割後，休息一個月，
7 月再次插下秧苗。

秋收

立秋、處暑、白露、
秋分、寒露、霜降。

10 月開始田地呈現金黃一
片，收割結實纍纍的稻穗，
慶祝這一年的稻作收成。

冬藏

立冬、小雪、大雪、
冬至、小寒、大寒。

收割後的田地種植蘿蔔、
油菜花等作物，做為綠肥
外也可食用，做成菜脯。

台東100食

The Food Issues We Care About

我們在 0-100 歲之間，如何時時刻刻都享受到美味與健康呢？吃什麼、怎麼吃、跟誰吃，一日三餐，10 年下來上萬頓餐點，可以改變一個人。為了在活著的時候可以餐餐美味，更多食物環境認知是 Lovely 的選擇。

Age	0	4	6	8	18
ISSUE	嬰兒的飲食	多嘗試各種食物	好吃的菜	美味的海	消化力

0-0

22	23	25	26	27	28
甜點	長壽祕訣	年輕人要懂得保養	冰箱的整理	生活好習慣	防災食品

30	33	35	38	40	50
不同年齡需要不同營養	天然的調味料	找到最美味的方法	Water	住院的食	想吃就要動

55	65	95	99	All ages	
不挑食	少油少鹽	減醣生活	咀嚼力	新鮮的食材就是美味	

台東100食：健康美味觀點

Interview

Q: 你的健康美秘訣是？

A:

「33歲的我要獻給25歲的年輕人，在年輕的時候就要開始保有健康的本錢，多吃在自然環境下成長的食物。」_ **長濱金剛米 凱耀**

「我幾乎都在家吃飯，食物很簡單，早上饅頭配豆漿，每天一定吃魚。現代人垃圾食物太多，應該多吃天然的食物。」_ **成功鎮旗魚鏢手 盧旻易**

「我很喜歡吃甜食、米飯，年紀到了，就容易發福，所以現在想要多吃一碗白飯，就要多走幾圈操場，要運動、要有健康，才有本錢享有美味。」_ **竹湖國小校長羅治鈞**

「只挑軟的食物吃，不練練牙口，很多東西到老了就會咬不動。另外也不要調味過度，才能吃出食材原本的味道。」_ **不二 Via**

「少吃多動，早睡早起，減少紅肉攝取。你看我這裡每天桌上都會有一條魚，長壽的人特別多，這就是漁村的信念。」_ **新港漁會 洪主任**

「我什都會去試試看，『均衡飲食，不挑食』。」

調查員好奇問：「鄭校長你敢吃 Siraw（醃肉）嗎？」鄭校長回答：「不敢（笑）」「但我會把他和青菜一起炒！」_ **新港國中校長 鄭瑞銀**

「我最近胖了，去看醫生時，醫生說沒睡好也會發福。所以我對於健康美味秘訣，當然是睡眠充足，還有病從口入，更要多吃新鮮食材。」_ **池上女廚神 莊月嬌**

「店裡有賣草仔粿，因為老人的口牙不好，我們把內餡的蘿蔔絲切得短一點、粿皮磨得細一點，讓他們好咀嚼、好消化。店內的封仔餅經過改良，少放糖和鹽。」_ **福和成糕餅店第三代 洪曉龍**

「我覺得跟誰一起吃東西很重要，吃飯氣氛會影響吃飯的心情。」_ **長濱農會 楊惠萍**

「各個年紀都有需要的營養及食物。」_ **Sinasera24 主廚 楊柏偉**

「我們三餐都自己煮，很少外食，店裡的冰的配料像芋頭、梅醬等都自己來，梅醬每年的3月就開始製作。」_ **大涼冰果店 吳德貞**

「我覺得動手做很重要，做才知道食物的味道，了解怎麼料理、調味，在生活減少外食。食物簡單調味，才會吃食物原始的味道。」_ **都蘭國小 林主任**

「少油少鹽少糖，多吃原形食物，不要有太多添加物。現在發現如果吃太鹹，身體的負擔會變大。」_ **大慶柴魚 王凱妮**

「單純、不浪費，找到食物保存的好方法，像是醃製、酒釀。」_ **烤茶地 凱莉**

「外觀呈現粉色的紅喉，也常被稱作赤鮭，多出沒在宜蘭、花蓮、台東的海域。紅喉肉質細緻柔軟，是一種富含營養素及油脂的深海魚類。因為營養很好吸收的關係，不論是產後坐月子吃，還是讓生病的人吃，都可以讓人很快速的恢復元氣和體力。

每年 10-12 月這段期間的紅喉魚肉質特別鮮甜、油脂豐富，是品嚐紅喉的最佳時間。做成生魚片、乾煎、煮清湯、火烤、紅燒、跟中藥一起熬湯等等，每種烹飪方式都十分美味。

以前每當要宴請客人時，爸爸總會端出清蒸紅喉，讓賓客品嚐到最大的誠意；爸爸生病時、老婆筱倩在坐月子時，每天一隻紅喉煮清湯，快速補充營養；小孩生日、或是達成目標時，也都會煮一條紅喉來

吃。對於我來說，紅喉是給自己最愛的人最棒的禮物，是希望對方可以更好的一種祝福。」
_ **旗遇海味 林昱濱**

「在台灣從國小開始，每個小朋友似乎就必須練就一身快速解決一餐的功夫：咬著吐司追著公車，並且在搭上公車前吃完口中的吐司。午餐要在 10 分鐘內解決，這樣才能有更多時間午睡。

在用餐時間如此短暫的成長環境，學生們長期忽略了食物在於生活中的重要性；食物不該單單只是成長或是維持生命機能的營養素。

回到高中母校開熱食部，我試著改善用餐環境，讓用餐環境更舒適，希望學生能夠在熱食部內多停留一分鐘也好，讓他們能夠在多停留的時間內，好好品嚐食物帶來的美好。」
_ **台東高中熱食部 Mala**

「在都市長大，當食材與餐點都來的如此便利與理所當然時，我們是否失去了一些對於食物的尊重與自然的感謝。

有了一些空間後，我們試著學習種植一些植物，看著葡萄、木瓜與芒果樹經歷長大、開花、結果，得來不易的收成，更感受到食物竟是如此珍貴。

另外不定時採集附近的香蕉、柚子、川七、檳榔花，甚至大雨過後被沖刷到路面的吳郭魚，也成為佳餚，與從產地到餐桌的最佳機會教育。」
_ **KEV Design 負責人 周育潤**

「人生重要事，莫過於和家人與好友們聚餐。選家餐廳，或造訪友人家，最美的畫面就會出現在美食下肚後，無論大人小孩，眾人帶著愉悅心情開懷暢談，或因嘴中美食滿臉洋溢著幸福感，我極樂於沉浸在那一幕幕的畫面中，用大腦相機，將此瞬間銘刻在腦中，當然現實中的相機，也要按上幾張，供記憶超載的我未來回憶。食物真的是凝聚人們情感的好方式，充滿著開心的回憶。
_ 愛觀察體驗世界的攝影人 汪德範

「外公是個很愛自己下廚的人，尤其是他有潔癖，常常一天要洗超多次手，洗到外婆都嫌他浪費水了。外公在我小時候，很喜歡在早上準備一碗熱暖暖的牛奶麥片給我們享用，這碗吃到大的麥片不太一樣，裡面的牛奶是用奶粉泡的，所以有種懷念的香氣，他有時也會打一些蛋白在裡面，吃起來口感豐富又份量十足，也難怪我們家三兄弟都人高馬大的，讓他很有面子。後來小阿姨也跟我們分享，吃不完時，拿去冷藏，也很好吃。

另外一道是過年才會吃到的什錦菜，內容大概有黃豆芽、乾香菇、紅蘿蔔、芹菜、冬筍、酸菜、豆干、木耳、豌豆苗、金針等十種以上的食材製作而成，也有象徵十全十美的意思。因為準備食材跟過程比較麻煩，所以會需要大家一起幫忙切菜洗菜的，也變成每次年夜飯前的餘興節目。外公特別喜歡香油跟麻油，所以我們家的什錦菜特別有濃濃的香味，之後在其他地方吃到，都會覺得少了一點什麼。

最近常常待在家，真的開始想念外公的手藝了。他今年 105 歲了，愛乾淨，愛自己做點吃的，我想這也是他長壽的健康秘訣吧～」
_ 究方社負責人 方序中

「家裡的冰箱，常常都是吃超飽的狀態！昨天的剩菜、前天喝不完的湯、今天買的菜、3 個月前沒吃完的餅乾、巧克力、糖果、蜜餞 ...，還有放了不知道多久的調味料和深藏在冷凍庫裡進入冰河時期的肉類們。

每次想整理冰箱，但都啊！好懶，然後就放棄了。但是如果不整理冰箱，可能會造成很多細菌、黴菌的滋生，加上冰箱吃太飽的話，冷空氣不容易循環，也會讓冰箱溫度上升，東西容易變質，而且還會有濃郁的『冰箱味』，一開冰箱就退避三舍。」_ 水越設計設計師 劉昱辰

「外婆在 94 歲時，還可以咬台灣土芭樂，上個月吃了 99 歲的生日蛋糕以及一桌佳餚。牙齒的壽命，決定了美食的期效。

去年我因為牙痛無法咀嚼，需要吃流質食物，那時候發現無法咬食真的無奈，美味當前無法享受，且流質食物的選擇少，沒有食物感，生命黯淡了許多。

人的一生，能享受美食的年限是多久，怎麼延長或是擴充，是許多人在意的食育議題。

原來咀嚼能力是多麼重要的事情！能用牙齒磨碎變成能夠入胃的形狀，需要好好保持牙齒的正常運作，每日的咀嚼，影響深遠。」
_ 水越設計總管 Agua

美味健康秘訣
The Kit of Taste and Health

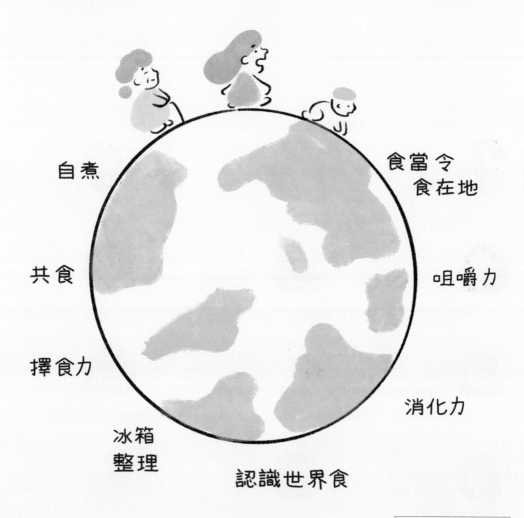

自煮

食當令
食在地

共食

咀嚼力

擇食力

消化力

冰箱
整理

認識世界食

與全台 50 多人合作的健康美味秘訣,匯聚 0-100 歲健康必經的
人生觀點與指南,從家庭、食材、學校、作息,甚至到永續發展,
讓自己健康長大,也可以照顧他人。

台東100食

0-100歲的健康美味秘訣

Youtube_ 台東 100 食

更多美味健康秘訣

More Food Issues

集結來自全台各地的美味健康秘訣，從家庭到
社會、個人到世界，更多不同面向的食物議題。

 市場當日新鮮做，
吃多少買多少。

米力
瑞米生活設計

 讓家成為食育的起
點。

吳明錡
北醫跨領域學院

 吃在地，食當令。

周欣宜
東管處

 多喝水。

周純如
水越設計會計

 少油少鹽少澱粉。

邱薇如
臺東設計中心

 快樂的飲料。

林承毅
林事務所所長

 享受食物的原味。

林舒
水越設計企劃長

 健康的吃與動。

侯冠瑜
美食拷貝手

 食物的美姿美味。

胡琮淨
建築藝術美學達人

 食物的美姿美味。

洪子庭
都市酵母設計師

 食育就是做中學。

高偉恩
水越設計設計師

 簡單就是美味。

陳人鼎
小村遠遠共同創辦人

 便當的傳承。

陳芃
設計師

 地方飲食記憶。

陳冠蓉
想像一個家

 環境對於物產及健
康的影響。

張芳睿
Dark Matter Labs

毛小孩吃什麼。

張以楚
都市酵母設計師

健康長壽的飲食。

張愛眉
都市酵母設計師

讓每一餐都對地球
更友善。

許凱特
DFC Taiwan 掌門人

早睡早起，均衡飲
食。

許宏緯 潘韋貞
好煎炸

食材新不新鮮很重
要。

黃語潔
金碗吃雞負責人

豆花百味。

黃雅玲
雲科大視傳系教授

超愛吃麵食。

馮宇
IF OFFICE 創辦人

慢食慢煮，好好享
受吃飯。

程詩怡
平民美食家

人與土地的關係。

游智維
風尚旅行與蚯蚓文化

帶孩子上菜市場、
電影與飲食。

褚瑞基
建築系教授

消化力。

楊庭芳
水越設計設計師

信奉香菜教。

楊雅淨
不挑食的小企劃

家庭自煮，讓孩子
記得回家的路。

劉晉宏
社區規劃師

好食材 ft. 媽媽的
好手藝。

廖予謙
Kelsey the Drawer

釋迦、皇帝豆。

鄧建國
臺師大設計系副教授

每天都要吃早餐。

賴宛琳
插畫家

吃東西時的交流。

羅淑圓
臺東縣政府

永續才是美味的真
諦。

Lovely Show
東東市主理人

拒絕吃魚翅。

In_down
插畫家

See more_FB # 台東 100 食

台東15食
Taitung Recipes Learning before 15

台東 15 食，集結在地料理達人，運用台東料理
設計 15 道菜單，是台東學生在 15 歲之前，應該
學會的家鄉菜，認識在地，同時也能照顧自己。

原料與調味

做菜名詞

食材採集

米食

南瓜

竹筍

蘿蔔

原料與調味
Material & Seasoning

大豆沙拉油：用黃豆萃取出的油，不論是煎、炒、炸、煮都會需要用到。

橄欖油：橄欖製作而成，除了煮菜之外，也很適合作為涼拌、沾醬。

鹽巴：做菜時最重要的調味料，讓食物有鹹味，也可醃漬食材。

砂糖：由甘蔗製作，可以增加料理甜味，是甜食的重要元素。

沙茶醬：是火鍋常見的醬料，有點沙沙的質地與特殊的香味。

香菇魯：濃濃的香菇味，直接拌飯、拌麵或是作為炒菜調味料都沒問題。

料理米酒：不僅幫助肉類去除腥味，也能夠讓料理更香。

醬油：黃豆製成的醬油味道濃郁，是滷東西、紅燒時的好幫手。

醬油膏：鹹甜有點濃稠的質地，很常作為沾醬使用。

香油：增加料理的香氣，很多湯品上桌前會淋上一點，讓味道更濃郁。

烏醋：與羹湯是最佳搭配，喝之前淋一圈，湯頭會有更多的變化。

冰糖：做滷汁時，加點冰糖可以中和醬油的鹹味，增加滷汁的甘甜。

胡椒粉：胡椒粒磨成的粉，味道稍微有一點嗆辣。

胡椒鹽：胡椒粉和鹽巴混合的調味料，常常會灑在炸物上頭。

豆瓣醬：豆類與麵粉發酵，可當作沾醬拌飯、麵，也是麻婆豆腐的醬料。

雞粉：擁有雞肉香味的淡黃色粉末，加在料理上可以增加鮮味。

太白粉：加上太白粉可以讓食物勾芡，做醬料、羹湯時常常會使用到。

玉米粉：類似太白粉，可以增加濃稠度，也會用在糕點類，讓蛋糕更鬆軟。

在來米粉：在來米磨成粉，是做碗粿、蘿蔔糕、發糕等料理的重要材料。

糯米粉：由糯米磨成的粉，黏度高，可以做草仔粿、湯圓、年糕、麻糬等。

吉利丁：動物皮或骨骼提取的膠原蛋白，作為凝固劑，用在布丁或奶酪。

做菜名詞
About Cooking

#作法

小火：火焰小到不熄滅，燉、悶、煮高湯時使用。

中火：火焰介於大火與小火之間，煎、炸、炒不易熟的帶骨食材時使用。

大火：火焰超出鍋底，快炒速炸易熟食材時使用。

#刀法

去腥：料理海鮮食材時，可用鹽巴、檸檬汁、米酒等方法去除魚蝦貝類本身的腥味，讓菜餚更美味。

勾芡：用各種澱粉加水攪勻的液體，加進食材之中，使菜湯水有稠感。

切片：先切一邊防止滑動。切成片狀時將菜刀保持在90度垂直，才能讓厚度盡量一致。

#數量詞　一毫升 (ml) = 1cc = 1 公克 (g)

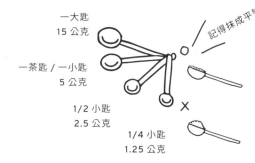

刨絲：將刨絲器斜拿著，食材放置於刀面上，來回滑動就能產生細絲。

記得抹成平

一大匙 15 公克

一茶匙／一小匙 5 公克

1/2 小匙 2.5 公克

1/4 小匙 1.25 公克

熱鍋熱油：鍋子熱後放油，待油熱、香氣飄出後放食材，適合用來炒菜。

汆（ㄘㄨㄢ）燙：將食材放入沸水中片刻，可以達到去除肉類血水和腥味的效果。

提味：加上調味料、配料能增添香氣，讓料理更美味。常見的例如料酒、鹽、香料等等。

燜：食材放入液體中，鍋蓋緊蓋，用慢火烹煮食物，例如燜菜、燜肉。

切絲：將切片好的食材鋪在砧板上，越平越好，切絲時以中指第一指節為支撐點，連續切出細絲。

切段：每一段切不超過一吋（2.54cm）為佳。切蔥時記得去除尾端！

滾刀：刀尖擺斜 11 點鐘方向，切的時候轉動食材，刀子拿穩，切成大小一致的不規則塊。

切丁：食材切成些許厚度的條狀，再轉 90 度切成丁。

適量：取鹽在食指和中指前端拇指頂住第二指節處，約是 1/5 小匙的量。

少許：取鹽在大姆指頂住食指第一指節處，約是 1/8 小匙的量。

米杯
1 杯 = 180 公克

一斤（一台斤）
600 公克

食材採集
Ingredients Gather

做一道美味料理，要知道如何選新鮮的食材，
充分的發揮食材的特色，創造吃起來印象深刻的
料理。

台東的市場每天都有新鮮的食材，但是大多數的
台東人都有田地，可以用最近的距離讓食材到市
場、上桌，吃到最鮮美、原味的食物；路上可以
採集到食材，這樣食材環境充沛條件，學會如何
判斷並採集，是一堂生活課。

新鮮的山苦瓜

廚房工具
Kitchen's Tools

菜刀：切菜、切肉，生食及
熟食最好分不同刀使用。

水果刀：刀形較小，適
合雕花、切水果等。

常用刀具

刀具種類、材質有多種選擇，選一把
適合自己的菜刀，可以料理更順手，
除了菜刀，也有其他刀具方便處理各
種食材。

削皮刀：去除蔬果上
的皮，使用由內向外
較為安全。

抹刀：無法切斷食材，
可將醬料抹於食材上。

刨刀：將食材刨至細
條、絲狀，使用時須小
心力道。

使用菜刀切菜

O    X

以虎口握住菜刀

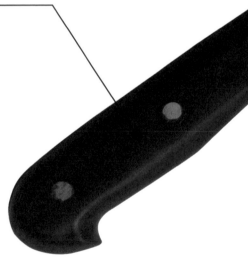

O    X

按著食材的手指下緣要和刀子
呈現三角形，手指才不會切到

手指直接按住食材，容易
在切菜時受傷

保養菜刀

刀具長期使用刀鋒容易變鈍，需在磨刀石上加水來回拉動磨利，或使用磨刀機器。

＊陶瓷刀不可使用傳統磨刀石打磨，需使用特定的機器或材料，否則會毀損刀具。

理剪刀：剪開食材，方便料理作業，有些間可拆裝，方便清洗。

刀背
代替槌肉器，槌鬆或打散肉排。使用時將刀背反握，直上直下輕剁，讓肉質鬆弛延展。

刀面
蒜瓣置於刀面下，以雙手輕輕往下壓，使蒜瓣崩裂，可以去皮。

刀鋒
適合處理細小瑣碎的食材，例如挖除蔬菜心，使蔬菜變成中空狀；或挑肉筋、去除魚內臟等。

刀刃
最鋒利的地方，可以切斷食材，使用必須小心。

刀跟
可用來挖除馬鈴薯、芋頭等根莖類食材的芽眼。

＊使刀鋒、刀跟對小朋友較困難，也可以用水果刀取代。

採集料理
Dishes

阿嬌姐被台東這片土地吸引，她說：「離開台東幾天，我會渾身不自在，很想趕快回台東。」台東可以吃到食材最鮮美的原味，用台東的食材多元的特色，做一道道打破過去的結合，這才是小朋友要知道的台東味。

飛魚乾山苦瓜湯
原住民常見的食材山苦瓜，搭配以飛魚乾燉煮的湯底，料理方式輕鬆簡單，但滋味可一點也不隨便。

破布子炒豆皮

阿嬌姐小時候常吃的料理，
以醃漬的客家破布子拌炒薑
絲、豆皮，適合與好吃的台
東米飯一起下肚。

筍麵

看似碗簡單的麵，用的卻是新鮮竹
筍所做成的麵條，清爽的口感是夏
天不同的體驗。

靈活搭配

筍麵

Bamboo Sprouts Noodle

食材

綠竹筍 4 支、白米 1 鍋、蔥、香菇 6 朵、蒜頭 3 瓣、雞湯 1 鍋

調味料

橄欖油適量、胡椒適量

蒜頭

泡開香菇

1　綠竹筍加水煮熟剝殼後，將竹筍切成像麵條形狀的細絲

2　熱鍋熱油後將泡開的香菇、蒜頭切碎後下鍋翻炒到飄出香味

3　將市場買的雞湯瀝出雞油，並保留一碗雞湯，其他加入稀飯

4　用果汁機打成米漿，作為筍麵的湯底

5　湯底放入鍋中與炒料一起拌煮，撒上胡椒調味

6　加入剩下的雞湯稀釋湯底

7　將切成細絲的筍子放入鍋內煮熟後裝盤

打開你的想像
筍子也可變成麵

豆香撲鼻

破布子炒豆皮
Fried Bean Curd Sheet with Cordia dichotoma

食材

豆皮6片、破布子250g、薑1塊、
蔥 適量

調味料

橄欖油少許

1　將蔥切成段，薑切成細絲

2　先用手將破布子的籽給去除

3　豆皮切絲

4　熱油後，薑絲下鍋炒香

均勻拌炒口感更有層次

5　依序加入豆皮、破布子、蔥

6　豆皮炒到微微焦黃即可起鍋

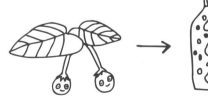

＊破布子又稱種樹子

＊裝成罐醃漬

加乘的鮮甜

飛魚乾山苦瓜湯
Kakorot and Flying Fish Soup

食材

飛魚乾 3 條、山苦瓜 15 顆、
山苦瓜葉 1 把

調味料

無

1 撕開飛魚乾，加水蓋過飛魚乾

2 熬煮，等待飛魚的鮮味飄出

3 加入山苦瓜

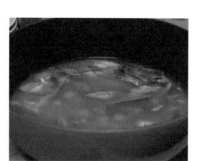

4 蓋上鍋蓋小火燉煮 30-40 分鐘

喝起來更順口

5 除去熬做湯底的魚肉

6 放入山苦瓜葉再稍微煮一下就可
以起鍋

山海的結合

來一碗飯
Let's have a Bowl of Rice

台東好土質與好水質，孕育優良的稻米。縱谷、海線、泰源幽谷等，各區的稻米都有各自的口感及風味，是許多人吃過就回不去的滋味。且因各地的地理風貌不同，稻田的樣態也有所差異，縱谷稻田多是一片廣闊的土地，而海線腹地較小，靠山耕作，田地多以小片的梯田為主。

台灣常下雨，氣溫較高，一年有 10 個月適合水稻生長，可種植兩次的稻米，分別為 2-6 月與 7-11 月。台東日照較西部短，稻米生長成熟時間更長。

米的住所
Environment of Growing Rice

稻米適合在溫度較高，土壤濕軟肥沃的環境生長。農夫栽種前會把土壤翻鬆，撒下一些油菜、蘿蔔種子等當綠肥，等到油菜花都開花的時候，再次將土壤翻鬆，利用這些作物讓農地變得肥沃，適合種植。

稻米收割完後要馬上將米給烘乾，若是沒有進行乾燥的作業，米受到濕度、溫度的影響，會發酵變質，稻穀也會開始發芽。

米的調查
About Rice

米的種類

台灣米可分為三個種類，分別是：蓬
萊米、在來米、糯米。蓬萊米圓圓短
短的，煮熟後黏度適中。在來米細長，
煮熟後硬硬的。糯米顏色不透明，較
軟黏。

在來米乾鬆無黏性，
適合做蘿蔔糕、米粉

蓬萊米黏 Q，是
我們常吃的白米

糯米濕黏且軟，適
合做成麻糬、油飯

米的營養

白米營養最低，只有澱粉與少
量蛋白質。糙米富含纖維、維
生素 B1、E 及礦物質。胚芽米
介於糙米與白米之間。

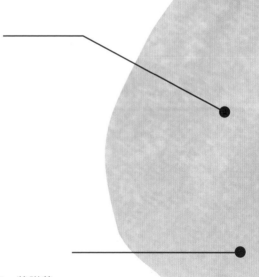

米怎麼保存

米買回來後放置冷凍 1-2 天，將附著
在米上的米蟲凍死，再放置在冰箱
冷藏或者放在陰涼處。

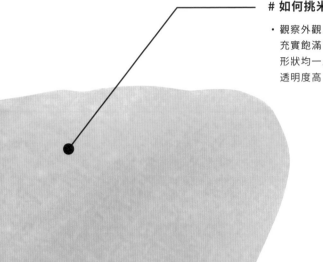

如何挑米

- 觀察外觀
  充實飽滿
  形狀均一且完整
  透明度高

- 觀察包裝
  挑選最靠近現在收割的稻米
  選擇真空脫氧包

煮一碗好吃的飯

01 洗 3 次米

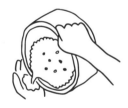

02 瀝乾

03 加水浸泡 30 分鐘

05 外鍋加 1 杯水，飯
煮完後悶 15 分鐘

06 輕輕翻鬆白飯

米食料理
Rice Dishes

米是我們餐桌上常見的主食，運用不同
品種的米，可蒸、炒等，磨成米漿後也
可以做出很多不同的料理。

南瓜飯
色香味俱全的南瓜飯，結合南瓜的甜味
與米的香味，讓飯有多一點變化，甜鹹
的口味，會忍不住一口接一口呢。

草仔粿
越嚼越香的草仔粿，是常常在清明節可
以看到的料理。只要備妥材料，草仔粿
是在家也能輕鬆做出的傳統美味。

碗粿
要製作口感 Q 彈的碗粿，粉漿調製的比
例是重要的關鍵。而與紅蔥頭及香菇一
起炒得鹹香的菜脯是碗粿好吃的秘訣。

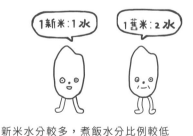

香甜好吃

南瓜飯
Pumpkin Rice

食材

白米 4 杯、南瓜 1 顆、蒜頭 4 瓣、
蝦米 30g

調味料

油少許 、鹽適量

1 白米用清水淘洗 2 次，再用
清水泡著

2 把南瓜洗淨，
挖掉南瓜籽後
切塊

3 蒜頭切碎，與蝦
仁、南瓜一起爆
香，再加鹽調味

4 調味後將炒料加入電鍋

彈起後要再悶15分鐘

5 在電鍋外倒入半杯水，
一起蒸煮

6 等待開關跳起來後，將
南瓜與白米攪拌均勻

7 盛盤

1新米:1水   1舊米:2水

新米水分較多，煮飯水分比例較低
Q: 多久才算舊米呢？
A: 割稻後兩個月算是舊米（包裝有標示，
市面買的幾乎都是舊米）

草仔粿

Caozaiguo

越嚼越香

食材

圓糯米 1000g 或糯米粉 600g、艾草 250g、菜脯米 300g、絞肉 150g、蝦米 30g、紅蔥頭 50g、月桃葉

調味料

油少許、鹽少許、糖 200g

可替換糯米粉
1粉：1水

1　糯米泡水 3 小時後磨成漿

2　將米漿瀝乾成粿糰（糯米粉不用粿糰），留一小塊粿糰去蒸，作為等一下揉糰時黏著用的粿切

3　菜脯米切碎、紅蔥切成片狀

4　絞肉下鍋炒乾後起鍋

蝦米

5　紅蔥頭下鍋爆香，再加入蝦米、炒過的絞肉、菜脯米，一起炒熟並加入鹽巴，內餡完成

6　新鮮艾草下鍋汆燙並瀝乾，艾草、糖、粿切一起加入粿糰內，搓揉至顏色均勻

7　粿糰均分 20 份，將餡料仔細包裹在草仔粿中

約10分鐘掀蓋，散去水氣

8　包好的草仔粿上抹一點油，放上月桃葉後進鍋蒸約 15 分鐘，戳進去不粘筷即可

鹹香Q彈

碗粿
Savory Rice Pudding

食材

在來米粉 400g、玉米粉 100g、客家菜脯 200g、紅蔥頭 6 粒、香菇 5 朵、絞肉 100g、蝦米 10g

調味料

油少許、鹽少許

1 菜脯、紅蔥頭及香菇切碎

2 紅蔥頭爆香後加入絞肉、蝦米、香菇，炒香後加入菜脯及鹽

3 混合在來米粉及玉米粉，加入 400cc 冷水攪拌

4 一邊攪拌一邊加入 2000cc 90°C 的熱水

90°C 熱水分 3-4 次慢慢倒入

5 攪拌至粉漿呈現糊狀

6 在盛裝碗粿的碗底先抹上油，將粉漿裝入碗中

7 放入蒸鍋中先蒸 10 分鐘後將炒料鋪在碗粿上，繼續蒸熟 15 分鐘

依個人口味可加些醬油膏

一起去吃南瓜

Pumpkin in Taitung

全台都有種植南瓜，南瓜主要分佈在台灣東
部、南部。每年的盛產期集中在 3 至 10 月，
夏季的南瓜最為甜美。2019 年台灣種植南瓜
的面積有 5,283 公頃、產量達到 8 萬多公噸，
其中台東就佔了 7,418 公噸。

在台東市場處處可見南瓜，也幾乎人人家裡都
有種植南瓜，是當地容易取得的新鮮食材。

田裡的南瓜
Pumpkin Field

每個地方種出的南瓜不一樣。有的南瓜生長在
地上，有的攀在柵欄上，有的爬上牆或屋頂。
好的南瓜一定要充分的曬到太陽。當整顆南瓜
變得又硬又結實，上頭有一層薄薄的白粉，就
可以採收。

南瓜調查
About Pumpkin

阿成(左)、阿嬌(右)南瓜是土生土長的台灣品種,肉質鬆軟香甜。

美國冬南瓜,外表橘紅果肉嫩脆,適合涼拌。

東昇南瓜成熟是橙紅色,甜度高,吃起來像地瓜。

栗子南瓜源自日本北海道,吃下有淡淡栗子香。

南瓜的種類

南瓜家族龐大,種類非常多,有東洋、印度、美國、黑子、墨西哥等5大南瓜。台灣菜市場上常見的南瓜阿成、阿嬌等是東洋南瓜,價格較高的東昇、栗子南瓜則是西洋南瓜。

南瓜的營養

南瓜含有大量的澱粉,和米飯一樣可以當作主食。其中的維生素 A、C、E 和 β - 胡蘿蔔素對皮膚、眼睛、牙齒、骨頭有好處。適量吃南瓜還可以幫助放鬆心情,睡得更好。

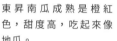

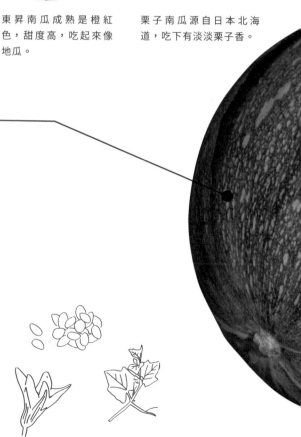

南瓜什麼部位可以吃

南瓜全身都是寶,不僅肉有營養,其他部位也很厲害。南瓜籽、花與葉子、南瓜皮都可以增強體力、減輕壓力、幫助睡眠,在夏天吃南瓜心(也就是南瓜葉)也可以起到降溫作用,防治中暑。

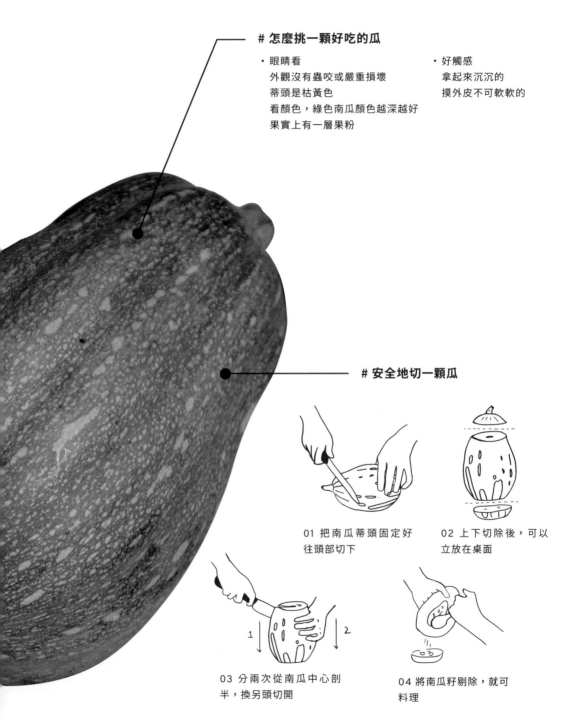

怎麼挑一顆好吃的瓜

· 眼睛看
外觀沒有蟲咬或嚴重損壞
蒂頭是枯黃色
看顏色，綠色南瓜顏色越深越好
果實上有一層果粉

· 好觸感
拿起來沉沉的
摸外皮不可軟軟的

安全地切一顆瓜

01 把南瓜蒂頭固定好
往頭部切下

02 上下切除後，可以
立放在桌面

03 分兩次從南瓜中心剖
半，換另頭切開

04 將南瓜籽剔除，就可
料理

南瓜料理
Pumpkin Dishes

甜甜鬆鬆的南瓜，金黃色的果肉與濃郁
可口的滋味，讓大人小孩都喜歡。而南
瓜不僅僅好吃，金黃色彩更是讓菜餚看
起來更加美味。

 # 南瓜濃湯
熱騰騰的南瓜濃湯，好吃也十分具
有飽足感。可以吃到口感鬆鬆的南
瓜，也可以吃到煮得濃稠的南瓜湯。

 # 南瓜紅豆糕
口感扎實，黃橙的外皮與紅豆紅，
不論配色或是口味都是絕妙組合。

 # 南瓜奶酪
香甜的南瓜奶酪，讓人忍不住一口
接一口的超級甜點。

濃郁湯頭

南瓜濃湯
Pumpkin Soup

食材

南瓜 1.5 顆 、玉米粉 125g 、紅蔥頭 3 顆、蒜頭 6 瓣、牛奶 約 2 茶匙 、南瓜心（嫩葉）1 把

調味料

油少許、糖約 2 茶匙 、鹽 少許

1　南瓜清洗乾淨後切成薄片，一顆蒸 30 分鐘，將半顆生南瓜留到後面使用

 紅蔥頭
 蒜頭

2　紅蔥頭切碎、蒜頭切片

炒到蒜香飄出

3　蒜頭、紅蔥頭放入鍋中爆香，香味飄出後加 1000cc 的水

4　蒸熟的南瓜放入鍋中一併燉煮，作為濃湯的鍋底

5　湯底變成糊狀後，加入未蒸熟的南瓜切片，增加不同的口感

6　加入少許玉米粉及牛奶，再加入鹽以及糖調味

7　將南瓜心切碎，倒入濃湯中煮熟

南瓜心就是南瓜嫩葉

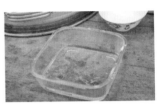

清涼綿密

南瓜奶酪
Pumpkin Panna Cotta

食材

南瓜半塊、玉米粉 125g、鮮奶油 150cc、牛奶 900cc、吉利丁 2 片

調味料

糖 20g

1 南瓜清洗乾淨後，削皮並切塊後進鍋蒸 30 分鐘

2 用冷水將吉利丁泡開

3 將蒸熟部分的南瓜壓成泥，一片切塊留步驟 6 使用

4 依序加糖、牛奶、奶油及玉米粉，並且持續攪拌

攪拌均勻

5 隔水加熱，攪拌漸漸變稠後，加入吉利丁，不斷攪拌到吉利丁融化

6 將蒸熟的南瓜塊放入杯中，可以吃到南瓜的口感

7 把混合後的調料裝入玻璃杯中

冷卻後再冰入冰箱

8 冷卻後，將玻璃杯放入冰箱中冷藏約 15 分鐘就完成

甜而不膩

南瓜紅豆糕
Pumpkin and Red Bean Cake

食材

南瓜半顆、玉米粉 125g、糯米粉 1 包、紅豆泥 1 包、竹葉 5 片

調味料

油 少許、糖 80g、鹽 10g

1　南瓜清洗乾淨後，削皮並切塊後進鍋蒸熟

2　在攪拌鍋中放入玉米粉及糯米粉

3　加入蒸熟的南瓜，用手搓揉，直到看不見白色的粉狀

4　麵糰加入砂糖、鹽巴與油，揉成團狀

5　將混合原料分成拳頭大小，包入紅豆泥

6　在竹葉上抹油，包入南瓜豆糕，或放在竹葉上

7　紅豆糕再用麻繩綁住，將南瓜紅豆糕放入蒸籠中，蒸約 15 分鐘

來一點竹筍
Bamboo Sprouts

全台的竹筍種植面積有 27,363 公頃、產量 250,989 公噸,其中台東的種植面積是 226 公頃、產量是 1,411 公噸。

因為竹筍喜歡充足的雨水和溫暖的天氣,在台東以長濱鄉和東河鄉為主要產地,東部的竹筍品種以麻竹筍、刺竹筍和箭筍為大宗。除人工栽種外,也不乏野生的竹筍,原住民更有採集野生刺竹筍與箭筍的習慣。

竹筍的家
Environment of Growing Bamboo Sprouts

竹筍是竹子的地下莖，在梅雨季開始時，竹子獲得充足水分後，地下莖會往地表生長、破土成為竹子，而生長的這段期間，地下莖會不斷繁殖，就有源源不絕的竹筍。

採收竹筍通常是在清晨，太陽未出現時，因為竹筍出土照到陽光，會快速「出青」，會大量消耗儲存的糖分產生苦味。採收時，不傷到根部，採收完再覆蓋上土壤，地下莖就會再生出新的竹筍。

冒出竹筍的地方

竹筍調查
About Bamboo Sprouts

綠竹筍，肉質細嫩清爽，適合做成涼拌竹筍。

烏殼綠竹筍，外殼帶黑黑色有細密絨毛，可做涼拌筍、炒肉或煮湯。

筍子的種類

台灣全年可以吃到好吃的筍子，產季會因品種、產地氣候不同而有所差異。市面上常見的筍類有 8 種，可以分成冬產及夏產。台灣因有著亞熱帶的溫暖氣候，只有孟宗竹筍是冬筍。

甜龍筍，纖維細甜度高，可直接食用，又有「水果筍」的稱號。

箭竹筍，約手指寬，筍肉白嫩、帶點苦味，用刀剝除堅硬外殼後食用，常配肉絲快炒。

麻竹筍，呈筆直的圓錐狀，肉質粗，常製成加工食品或是切片、切絲做成料理。

轎篙筍，阿里山的特有品種。纖維柔軟、肉質肥厚，可以燉、煮、炒、煨；竹子因彈性好可以做轎子、竹篙。

竹筍的營養

竹筍有豐富的膳食纖維、維生素 B1、B2、B6。熱量低、含水量高、膳食纖維含量高，能促進腸胃蠕動、避免便秘，但要小心食用過量，否則容易脹氣。除了促進消化外，竹筍含有另一種營養素「酪胺酸」是提振活力、讓人心情好的營養素！

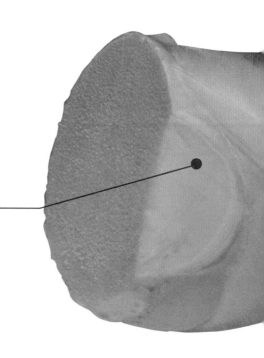

孟宗竹，外殼多絨毛、
體型矮胖，適合煮湯、
炒肉。

哇竹筍，外殼斑駁黑色花
紋，內部中空，多半做
成、酸筍、筍乾等。

怎麼挑一支好吃的筍

· 眼睛看　　　　　　　　　　　· 聞聞看
　外殼明亮　　　　　　　　　　避免有異味
　底部切面沒裂痕，自然白色色澤
　筍尖緊閉未開衩，沒有變成綠色

竹筍怎會苦 QQ

筍子在採收前照射到陽光，會產生氰
化物，吃起來帶苦味，若沒煮熟會中
毒。把黃色的筍肉切掉、剩下的部分
用滾水煮過，就可以成功的去除苦味。

竹筍如何去殼

01 竹筍固定好，在筍殼劃一刀

02 可煮熟或不煮，進行第 3 步驟

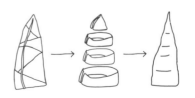

03 用虎口按著筍殼往下撥

04 整支筍子剔除殼就完成

竹筍料理
Bamboo Sprouts Dishes

蘇軾：「寧可食無肉，不可一日食無筍。」，
擁有強大的吸引力，質地纖細的竹筍，可口多
汁，可以涼拌、快炒、製作筍乾，吃法變化多
端的竹筍。

\# 竹筍炒豆乾
香香脆脆的竹筍與炒的焦香金黃
的豆乾是最好的組合。

竹筍酸辣湯
酸辣湯加上清甜爽脆的竹筍，多
了蔬菜的甜味，喝起來更加清爽。

竹筍鹹粥
要做一道健康營養滿分的竹筍鹹
粥，熬煮鹹粥時，火候的控制是
好吃的關鍵。

竹筍炒豆乾
Sauted Bamboo Sprouts with Dried Tofu

色香味十足

食材

綠竹筍 2 支、素貢丸 2 顆、紅蘿蔔 1/4 條、紅椒 1 顆、豆乾 5 塊、香菇 8 朵、毛豆 1 碗

調味料

胡椒鹽適量、醬油適量、香菇魯 1 袋、素沙茶醬適量、葵花油適量、辣豆瓣醬適量

1 竹筍洗淨去殼

2 竹筍、豆乾、素貢丸、紅椒、香菇切塊

炒至豆干香飄出

3 切塊後的竹筍下鍋汆燙

4 豆乾、香菇先下鍋翻炒，再加入汆燙後的竹筍

5 加入調味料一起炒

6 紅椒下鍋，加入一瓢水悶熟

7 最後放入毛豆，炒熟後就可以裝盤

綠竹筍彎彎的才好吃

一口接一口

竹筍鹹粥
Bamboo Sprouts Congee

食材

甜龍筍 1 支、白米 2 杯、木耳
2 朵、香菇 8 朵、素貢丸 3 顆、
紅蘿蔔 1 條、芹菜

調味料

胡椒鹽、鹽巴、葵花油、香油、
雞粉

1　竹筍洗淨削皮，將竹筍及配
料用刨子刨絲或切絲

2　將芹菜剁碎，香
菇切片

3　芹菜及香菇絲下鍋爆香，再
放竹筍絲、紅蘿蔔絲、木耳
絲、貢丸絲炒 2-3 分鐘

4　加入 3.5 碗公的水

生米會慢慢熟透

5　白米洗淨後放入鍋中，由底
往上持續攪拌，滾了之後蓋
上鍋蓋轉小火，燜煮 20 分
鐘至米心熟透

6　加入鹽巴、胡椒鹽
以及生的芹菜

7　香油最後淋上去，即可裝盤

小心火侯
否則粥容易燒焦

竹筍酸辣湯
Bamboo Sprouts Hot & Sour Soup

酸甜滋味

食材

甜龍筍1隻、紅蘿蔔1條、雞蛋2顆、大白菜1顆、香菜、木耳2朵、豆腐1塊

調味料

鹽、胡椒、香油1匙、黑醋、葵花油、雞粉、太白粉

1 竹筍洗淨，削皮後切成絲，將配料一樣切成細絲

2 竹筍先下鍋炒，再放入紅蘿蔔絲、木耳絲、大白菜絲一起炒香

一匙一匙加入太白粉水
可看見湯水稠稠的

3 加入1湯鍋的水煮滾後再放入豆腐絲

4 調勻太白粉，慢慢加入湯汁中，製造勾芡

5 加入調味料

6 將蛋打散，順時針慢慢倒入湯鍋中，記得要邊倒邊攪

7 起鍋前加入香油

加烏醋更畫龍點睛

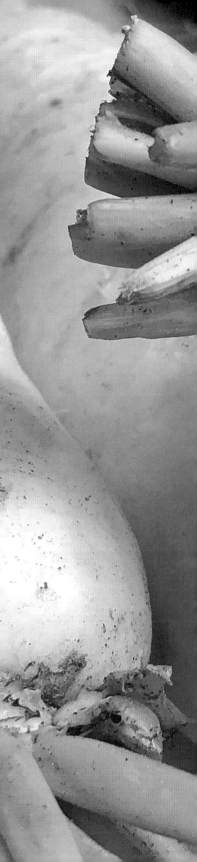

來去拔蘿蔔
Let's Pull the Radish

每年過年前後，台東關山鎮會舉辦千人拔蘿蔔的活動，大家一起到田地裡拔蘿蔔。拔起來的蘿蔔可以製作成蘿蔔乾、再放置久一點會成為味道濃郁的「黑金」老蘿蔔，蘿蔔葉也可以做為綠肥，打入土地中，形成養分。蘿蔔是關山鎮一項很重要的代表，還有「蘿蔔銀行」，存放著大家的老蘿蔔，有 40 年以上的老蘿蔔，價值不菲。

全台的蘿蔔種植面積有 2,749 公頃、產量 95,017 公噸，其中台東的種植面積是 289 公頃、產量是 5,230 公噸，約佔台灣整體的 5.5%。

蘿蔔產地
Environment of Growing Radish

蘿蔔是台灣人常在自家栽種的蔬菜，因生長快速，常被農民當作下一季作物種植間隙的養土作物，蘿蔔可食用外，蘿蔔葉也可以作為綠肥，讓田地更為肥沃。

蘿蔔是耐寒的蔬菜，適合生長在氣候涼爽、排水良好的地區。白蘿蔔主要生長在彰化、南投、雲林等冬季乾燥的縣市，台東集中在關山鎮、台東市和卑南鄉。其中關山因客家人多，常使用蘿蔔製成菜脯，關山是台東蘿蔔產量最多的鄉鎮，且日夜溫差大，生產的蘿蔔又脆又甜。

pics from _ 關山便當（左圖及右上）

蘿蔔調查
About Radish

蘿蔔的種類

台灣市場中可以買到的蘿蔔有四種，杙仔、矸仔、金嬌以及梅花是台灣本土種，而白玉和青首蘿蔔來自日本。蘿蔔對於客家人而言是很重要的傳統食材，早期資源匱乏的時代，他們會將蘿蔔製成菜脯來延長保存時間。

矸（ㄍㄢ）仔，外觀類似酒瓶，適合煮湯

梅花，外觀肥短厚實，肉質細緻不易有空心，可以做成各式料理。

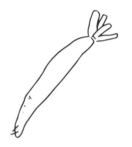

青首，靠近葉片的地方呈青綠色，水分少常被用來製作日本料理的蘿蔔。

白玉，外觀晶瑩乾淨，皮薄、肉質細緻水分多。美濃客家人蘿蔔乾多用白玉。

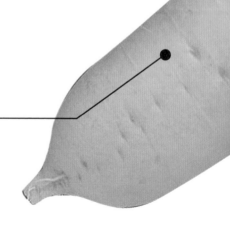

蘿蔔的營養

蘿蔔含有豐富的膳食纖維、維生素 C、鉀以及硫化物，其中膳食纖維和硫化物可以促進消化、保護消化道。而蘿蔔硫素，則具有抗氧化作用，能增加身體免疫力。其中蘿蔔葉含有 β - 胡蘿蔔素，可以保養眼睛和皮膚，常做成雪裏紅。

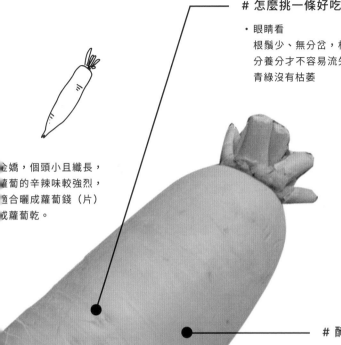

金嬌，個頭小且纖長，
蘿蔔的辛辣味較強烈，
適合曬成蘿蔔錢（片）
或蘿蔔乾。

怎麼挑一條好吃的蘿蔔

· 眼睛看
根鬚少、無分岔，根鬚少水
分養才才不容易流失，葉子
青綠沒有枯萎

· 聽聲音
一手拿著頭部的葉子部
分，另一手以手指輕彈蘿
蔔，挑選聲音厚實的，若
發出像鼓一樣的砰砰聲，
代表內部不夠扎實。

· 摸摸看
外皮具有一定硬度，過軟
代表不新鮮

醃蘿蔔

01 蘿蔔清洗乾淨後瀝乾，
修理根鬚，去蒂頭

02 蘿蔔切塊

03 撒上粗鹽

04 放到網袋後搓揉

05 放在網袋上曬太陽

06 再放入甕中，
壓上石頭，讓水分
繼續流出

07 重複 03-06 步驟
10 次，約 10 天左右，
就可以裝罐存放

蘿蔔料理
Radish Dishes

「冬吃蘿蔔夏吃薑」，當季的蘿蔔最好吃，冬天的蘿蔔多汁軟嫩，可以燉湯、燉肉、做成蘿蔔糕，曬成乾還可以做成有「黑金」之稱的菜脯、老蘿蔔，料理成湯品，回甘鮮甜的蘿蔔。

紅燒肉燉蘿蔔
燉到入口即化的紅燒肉和蘿蔔一起下肚，鹹甜口味非常下飯。

\# 蘿蔔排骨湯
慢火燉煮出蘿蔔的甜味，喝上三大
碗都不是問題。

\# 菜脯蛋
煎的焦香金黃，外酥內軟的口
感。做好菜脯蛋最重要的是火
候控制。

鹵咸香酥軟

菜脯蛋
Dried Radish Omelette

食材

土雞蛋 4 顆、蔥 1 根、菜脯約
5 條（依個人口味調整）

調味料

油適量

1 清洗蘿蔔乾，一條一條仔細
搓洗，最少清洗 3 次

2 洗好之後將蘿蔔乾切碎

新鮮雞蛋，
蛋黃分明結實

3 蛋要先清洗過，
再打蛋

4 將土雞蛋與菜脯
一起攪拌

先用小火熱鍋

5 平底鍋放油，熱鍋，將土
雞蛋與菜脯放入鍋中，持
續中火煎煮

6 用筷子繞圈攪拌蛋液，並
晃動鍋子，讓蛋不要黏鍋

7 煎至兩面焦黃後起鍋，再
撒上蔥花

從蛋脆弱的中間
敲一個縫

兩個大姆指
剝開蛋殼

軟嫩多汁

紅燒肉燉蘿蔔
Braised Pork with Radish

食材

蘿蔔 1 條、蒜頭 3-4 瓣、五花肉 1 斤、香菜少許

調味料

油、糖、鹽、醬油、醬油膏、米酒

1 五花肉及蘿蔔清洗後，切成 2 公分左右的塊狀

由內向外削蘿蔔皮

2 五花肉用水汆燙洗出雜質

3 冰糖與少許的油下鍋炒糖

4 炒到褐色後，五花肉、蒜頭下鍋，加入醬油以及醬油膏

5 炒到香味飄出後，加入一碗水，水滾後再放入蘿蔔燉煮

6 加入米酒去腥提味

7 煮滾後轉中火，蓋上鍋蓋繼續燉煮，約 15 分鐘後加入鹽

8 筷子可以輕鬆插入蘿蔔及五花肉後便可準備起鍋

自然甘甜

蘿蔔排骨湯
Ribs and Radish Soup

食材

紅蘿蔔1條、白蘿蔔1條、香菜、豬小排1斤

調味料

鹽

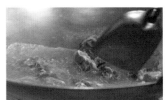

1　排骨清洗後切成一段一段

2　將排骨下鍋汆燙，洗出雜質後再用冷水去沖洗

3　蘿蔔清洗後削皮，切成塊狀

4　開水煮沸，水滾之後放入排骨、紅白蘿蔔

撈出雜質
湯頭更清爽

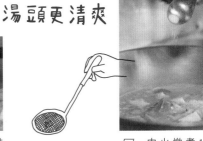

5　中火燉煮15分鐘後，加鹽調味

6　調成中火，蓋上鍋蓋再持續悶煮15分鐘

7　筷子可插入蘿蔔，即可起鍋

營養滿分

台東 15 食一覽

採集料理	筍麵	飛魚山苦瓜湯	破布子炒豆皮
米食料理	南瓜飯	草仔粿	碗粿
南瓜料理	南瓜濃湯	南瓜奶酪	南瓜紅豆糕
竹筍料理	竹筍炒豆乾	竹筍鹹粥	竹筍酸辣湯
蘿蔔料理	菜脯蛋	紅燒肉燉蘿蔔	蘿蔔排骨湯

1. 孩子們一起加入南瓜紅豆糕製作　2. 秋梅姐田地不灑農藥，種出的玉米像水果一樣清甜　3. 阿嬌姐養了一群吃好壯壯、自由自在的雞　4. 邱媽媽總是邊做菜邊收拾，讓廚房維持著井然有序的狀態

Youtube_ 台東 15 食

校園食育
Food Education

台東的食物教育十分扎實且內容豐富，且幾乎沒
有學生是「菜盲」。拜訪過小學四年級的學生，
提到自己的拿手料理是牛肉燴飯，還有小學一年
級會開火煎蛋，三年級就會做早餐給爸媽。

關山電光國小的蔡老師，因好奇哪種玉米可以做
出爆米花，便帶學生一起種植爆米花用的玉米；
鹿野永安國小的主任、老師們，帶著幼兒園的學
生學習阿美族煙燻飛魚乾，小學生學習釀酒，從
認識到愛上自己的文化，將食育融入生活。

pics from _ 永安國小賴筱琪主任（右上）、林志賢主任（右下）

飲食傳承
Culture Heritage

跟隨著蘭芬姊、嚴大哥、一耕食堂的腳步，來到
長光部落認識 Siraw 和血肉模糊湯。一早大家便
聚在長老教會外的大樹下，將豬肉放血、處理，
帶著嚴肅而專注的心情，嚴大哥手把手的將阿美
族的傳統料理傳承給下一輩。

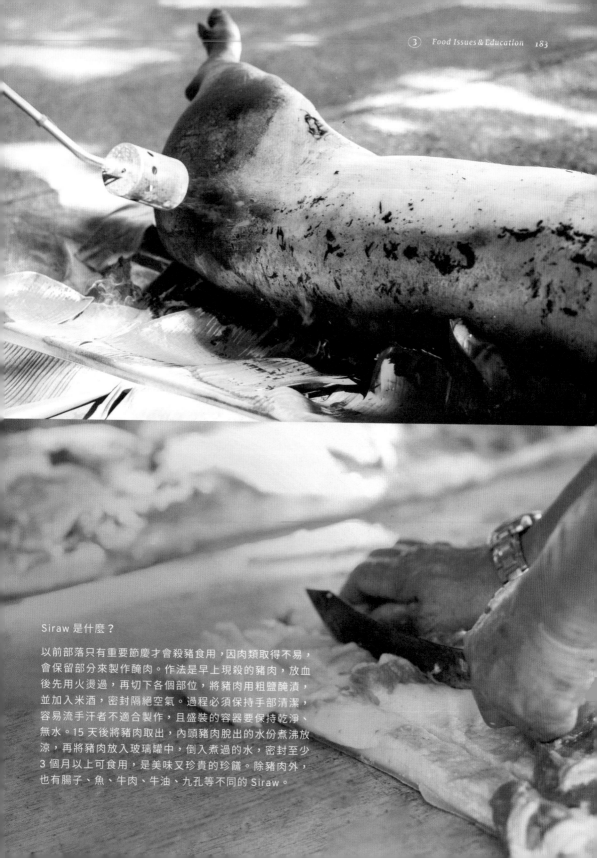

Siraw 是什麼？

以前部落只有重要節慶才會殺豬食用，因肉類取得不易，
會保留部分來製作醃肉。作法是早上現殺的豬肉，放血
後先用火燙過，再切下各個部位，將豬肉用粗鹽醃漬，
並加入米酒，密封隔絕空氣。過程必須保持手部清潔，
容易流手汗者不適合製作，且盛裝的容器要保持乾淨、
無水。15 天後將豬肉取出，內頭豬肉脫出的水份煮沸放
涼，再將豬肉放入玻璃罐中，倒入煮過的水，密封至少
3 個月以上可食用，是美味又珍貴的珍饈。除豬肉外，
也有腸子、魚、牛肉、牛油、九孔等不同的 Siraw。

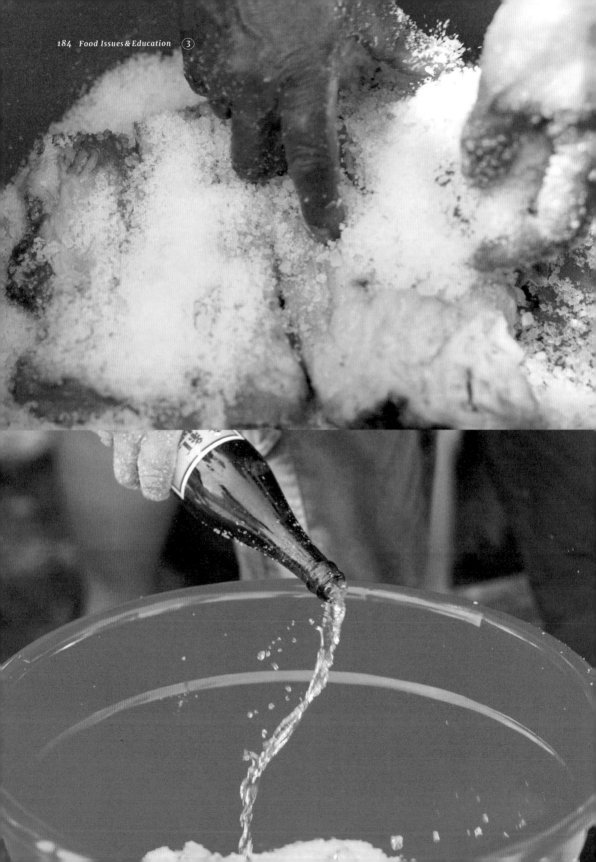

血肉模糊湯是什麼？
是一道阿美族過去只有在重要慶典吃得到的料理，將新
鮮的豬血、豬肉及豬腸、內臟、豬舌、豬骨、豬尾巴等
等一起進鍋烹煮，僅用鹽巴調味，鮮甜濃郁，再搭配
Hak Hak 哈哈（糯米飯）及 Toron 嘟輪（糯米麻糬），
十分美味。

調查員旅歷
The Travel of Taitung

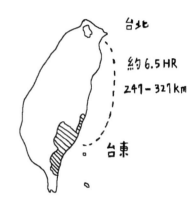

台北

約 6.5 HR
247 - 327 km

台東

這是一趟繞台東 10 圈的調查之旅程

調查員來到台東田調,從台北出發,每次的車程約是 6.5 小時,一次通常都待上 2-3 周左右,這 1.5 年來一共待了 71 天。吃超過 135 家餐廳,逛過 6 個市場、8 個市集,拜訪 100 位台東人,接觸超過 100 樣食材。每一次調查,都感覺和台東越來越近,如今進台東就有如回娘家一般。

從台北穿過雪山隧道後,景緻、氣氛開始不同,路程中也開始思考該選擇什麼歌曲,好搭配這美好風景。有次夜晚駕駛,晚上山路車少人少,關掉音樂,搖下窗戶,讓車子透透風,探頭發現滿天星空,不顧還在趕路中,忍不住停下車、拿出腳架及相機開始夜拍銀河,台東我們回來了!

吃什麼早餐?

成功鎮天亮就開店的越式早餐是我們近期最愛的選擇。路口還有自家新鮮製作的 Hak Hak 哈哈(阿美族的糯米飯),配上一小塊 Siraw(醃豬肉),吃完十分有飽足感,聽老闆說這是以前去山上工作的飯包。馬蘭市場外香噴噴的粉煎蛋餅、成功市場的客家碗粿、草仔粿都讓人垂涎三尺。長濱街上一天有 30 多種菜色的自助早餐,有選擇障礙的人千萬要小心;池上熱氣騰騰的原味或香煎豆皮,加一點辣椒醬、喝一口豆漿,心滿意足。台東市裡的紅麴飯味道很特殊,一定要加顆煎得半熟的蛋,還有要早起才吃得到的羊肉湯。早餐要吃得飽,才有力氣迎接一天的開始。

你會辨認幾種野菜

「老闆,這是什麼菜?」這句話基本上已成為調查員在逛市場時的口頭禪了。從一開始幾乎什麼都要問,到現在也認識了幾種菜攤上常見的野菜——細細長長、底部白色的是蕗蕎,適合醃漬或者直接沾鹽巴吃,長得像超小顆栗子南瓜的是味道很苦的車輪果(苦茄),煮湯會回甘;長刺、有種特殊香氣的是刺蔥,是很棒的香料;下雨天才會出現的是雨來菇,和蛋一起炒,有種特別的風味;除此之外,還有苦妹仔、巴吉魯、山蘇、山苦瓜、龍葵、藤心、馬告、芋槐、木鱉果、樹薯,豐富的野菜世界說也說不完。

「來,我來考考你們,這是什麼菜?」「咦,認不出來了!」當我們以為自己已經擁有了三成的辨認野菜功力,真正走進田地裡,才發現居然什麼都認不出來,瞬間非常佩服老闆們的認菜功力。

台東的土,很黏

田調過程,我們遇到很多不同的人,聽到很多不一樣的生命故事,每次的過程都讓我們對台東有了更多的認識與瞭解,旅程結束後,回去聽錄音檔整理筆記時,總有千萬個「啊!好想現在出發去台東!」的想法產生——被池上黏住的女廚師、想為部落帶來新力量或離鄉後總忘不掉台東美好的返鄉青年們、愛上這裡的環境因而移居的人們,每個人定居台東都有各自不同的理由,但都是源自於對這片土地的熱愛。

還記得有一次,和一位農夫前往他在長濱的某塊田地,他提醒我們要穿雨鞋,因為這裡的土很黏,抱持著應該沒那麼誇張的想法,下車才沒走幾步路,我們的鞋子簡直增高了 10 公分,而且越穿越重,鞋子底下滿滿都是泥土。那時不禁想到大家常說的:「台東的土,真的很會黏人啊!」

調查員後記
Epilogue

台北人 / 周育如 agua

世代都出生於台北西門町,從小喜愛各種研究,總覺得寶藏都在我們身邊,只要深耕就可以獲得實實在在的滿足感。

在台東的第一天就填補了都會空虛感,明明台東比較空的說,遼闊的山與海,居住的距離這麼遠,卻跟路人對話頻繁,拋棄 7-11 的微波,想吃帶土氣與朝露的蔬果,還有那神奇白鷺鷥群緊跟著的稻米田,池上 10 歲學童會燉煮牛肉燉飯,讓我決定要跟台東謙虛的學習。

新竹人 / 高偉恩 Wayne

出生於新竹香山的太魯閣族,從小吃的肉大多是花蓮阿嬤養的或是小舅打獵的,菜是爸爸去朋友菜園摘的,三合院外也會用保麗龍箱種一些蔬菜幫晚餐加菜。大概是吃的都很鮮、很野,所以吃到品質普下的就容易過敏,長大後因為求學、工作,飲食選擇變得很多、也很城市。不變的是喜愛嘗試各種味道,吃是一天中最期待的事。

到台東 1 個月,認識了食物的產地、職人與節慶,吃到縱谷白米的鮮甜飽滿、鹿野第一名的烤肉、關山媽媽的菜脯雞、崁頂傳統又創新的小米飯,再次體驗到吃得好是如此的平常又不簡單,而最令人眼睛發亮的是,當地熱愛生活的精神。

台北面積	台北人口
271,1 km²	**267,4** 萬人
台東 3,515	台東 22.5

	每人擁有的樹
	16 棵
	台東 151

台北人口密度	每人居住面積
9,823 人 / 平方公里	**10** 坪
台東 62	台東 18

新竹市面積	新竹市人口
104 km²	**45** 萬人
台東 3,515	台東 22.5

	最早火車站
	新竹火車站 1913 年
	台東 1922

新竹市口密度	原住民人口
4,327 人 / 平方公里	**0.9** %
台東 62	台東 35.7%

桃園人 / 劉昱辰 Ahchen

從基隆暖暖到桃園市區的都市小孩，我是一個從小到大都算是在都市生活的超級城市人，什麼從自家田地現採現做的記憶是沒有的，和媽媽一起去黃昏市場買菜大概就是我與原食材最接近的時候。

來到台東長駐，發現這裡與產地的距離好近，不知道要吃什麼，去晃一下菜園馬上就有靈感，食材簡單處理新鮮上桌。在這裡生活，不知不覺也會注意起時序變化，從青綠秧苗到金黃稻穗，從鬼頭刀吃到白肉旗魚，三月釀的梅酒八月開封，每個季節都有值得等待的味道。

嘉義人 / 楊庭芳 TING5

生在遍地都是美食的嘉義市及嘉義縣，偶爾跟阿嬤去河堤邊採桑椹、市場買菜，加上爸爸是位美食獵人，從小吃遍南部山海美食，養得一口好嘴。離開嘉義讀大學後，開始懷念南部美食，回到嘉義一定會去市場吃幾家，才能滿足遊子的心。

台東調查旅程中，常聽到台東人說要吃什麼就去路邊、山上、海中採集，採集中有許多辨識技巧，這是多麼棒的一項生活技能啊！把自己丟在自然裡，絕對不會餓著，我多麼想扎實的學會辨認大自然裡的食物～徹底執行吃多少採多少不浪費的概念。

桃園面積
1,221 km²
台東 3,515

桃園人口
224.5 萬人
台東 22.5

嘉義市面積
60 km²
台東 3,515

嘉義市人口
27 萬人
台東 22.5

埤塘數量
1400+ 個
台東 1+

最早鐵路
阿里山鐵路 1912 年
台東 1926

桃園人口密度
1,854 人 / 平方公里
台東 62

機場年航班量
25.6 萬架次
台東 4.2

嘉義市人口密度
4,459 人 / 平方公里
台東 62

火雞肉飯店家
32+ 家
台東 6+

世界食育
The World Food Education Map

全世界的食育發展，了解台東食育也認識世界發展情形，持續
調查公開。

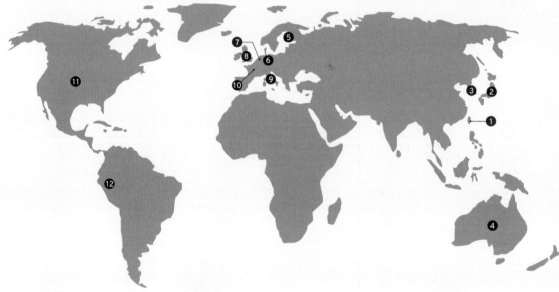

亞洲

❶ 台灣 台東
臺東慢食節、台東
15 食、100 食、
台東食育提案所、
台東美味周

❷ 日本
食育基本法、漁產
業再生

❸ 韓國
打造健康飲食環境

大洋洲

❹ 澳洲
美食月，一整個月
享受食物的美好

歐洲

❺ 芬蘭
從校園午餐到食育

❻ 德國
剩食大作戰

❼ 荷蘭
對抗剩食大作戰

❽ 英國
不會烹飪，國小就
畢不了業

❾ 義大利
第一所鑽研美食與
慢食藝術的大學

❿ 法國
品味週

美洲

⓫ 美國
食物也有紀念日

⓬ 秘魯
3,500 種天然馬鈴薯
和天才廚師

See more_FB # 台東食物提案所

　　全球經濟市場瞬息萬變，在後疫情時代，帶給企業與個人前所未有的困境，如何穩定求生？吳總在本書中分享了他的看法，從外在環境的變化判讀，到如何從外至內地調整並提升競爭力；如何運用合理化的數位工具化繁為簡、不斷修正內部作業流程，而產生出最佳營運模式；如何強化人才工作動機，找到與企業最大公約數；最後如何讓個人回歸到聆聽內在本質的聲音，重新定義成功的意義，為自己出征等等，作者總共提出了28個槓桿點，讓企業營運管理績效和個人職涯價值找到平衡的支撐點，這28個槓桿點真可說是貫穿本書的關鍵概念。

　　這本書適合正在職場精進或者迷途的您，也適合正在領導與管理團隊的您，親自體驗這本集實務經驗及技術於一體的寶典，肯定能為大家的人生價值觀提供升級之道，讀完本書，相信您的人生裡到處都是可利用的最佳槓桿點。

林志明

大東電業廠股份有限公司董事長

一帖「口味甚佳」的痛點良藥

　　我所服務的公司，在新冠肺炎橫空出世之際，佔據一個絕佳的觀察點：我們的業務之一：企業福利網，因為企業避免人工執行禮物派送，增加數位平台預算，但其中也有 1 ／ 3 營業額屬於旅遊商品，卻因疫情鎖國，因此大幅衰退。

　　我們的關係企業康太數位，主要業務是企業數位化位顧問與系統設計，則 100% 因為新冠肺炎導致餐飲、零售業急於數位化，系統設計訂單接到手軟，除了飯店、餐飲之外，更有銀行業，在這個當口，加速數位轉型。

　　身為產業界一份子，這本書讀起來格外有感，作者以其服務企業客戶 18 年經驗，提綱挈領地點出許多企業面臨的關鍵節點：接班、轉型、數位化，正好與我們從另一個角度觀察到的現象不謀而合。

　　以餐飲業來說，我們觀察到，趨勢對於獨立街邊店愈來愈不利，餐飲業除了走高精緻市場（fine dining）之外，一部份會往百貨公司美食街移動，另一部份，可能必須向外送趨靠；因為，疫情讓多數人們有機會「被迫」體驗到專業外送的方便，一舉把外送價格比較貴這個「最大靜摩擦力」完全消除，久之，愈來愈少客人會登門用

餐；類似趨勢也發生在金融業，於是愈來愈多銀行，考慮將交易場景從外部通路帶回自家App。這些對企業來說都是天大的改變，然而，要推動這些改變，你是企業領導人，該如何研判？用什麼工具？如何組建團隊？資源如何調整？都在這本書中有所解答。

作者對數位化趨勢看得很清楚，但卻不盲目推荐數位化，「流程需先合理化與簡單化，再談資訊化」，這句話太正確了！從我們公司的觀點來看，「順序」是推動數位化最要緊的事；舉某兩大零售通路為例，在App上的功能幾乎大同小異，但App流量卻相差10倍，原因為何？順序問題，順序不對，會流於「部門數位化」，而非「企業數位化」，只能做到部門自己的作業改善，這樣會使消費者的服務體驗產生斷鏈，使投入大量資源之後，整體效率提升卻極其有限。

疫情使得許多過去「隱忍不發」的管理議題一舉浮上檯面，變成必須立即面對的難題。作者以其18年企業輔導經驗，規畫出28大「痛點」，並一一相應提出「槓桿點」，在流暢文字中，輔以許多鮮活的實例，使全書可讀性極高，是一帖「口味甚佳」的良藥，值得企業界人士多加服用。

陳中興

康迅數位整合股份有限公司（Pay Easy）副總經理

建構安和樂利，祥和富足的社會

　　仲悅企管吳桂龍總經理即將出版的新書囑予為之序，經閱讀後對於新書內容談及台灣企業面對一個轉型、接班、創新的關鍵時刻，在今年全球為疫情困擾之際，許多企業面對經營上前所未有的困境，必須藉此機會檢核一下現行企業商務服務與產品管理，是否滿足客戶現行價值，如果在此時刻能夠建立一支跨功能專案團隊，即時掌握外在環境的變化資訊，找出公司現行管理或產品優勢。

　　基於成本與績效投報率的考量，當營收獲利銳減，企業可能優先考慮調整人事成本，財務報表正確處理，兼顧僱主與員工之間和諧相處，共同為企業的發展目標提供最好的參考。

　　書中提到四大本質能力的學習技法：

1. **察覺思考**：具備敏銳觀察事物並系統思考能力，察覺自己與別人心理情緒。
2. **目標執行**：能提出具體目標，並有可能展開執行方案。
3. **情緒溝通**：善於與人群溝通互動，並能隨時調整自己的情緒。
4. **修正創新**：從執行方案來聚焦目標，可以不斷調整修正與創新展現。

　　上述言論對於企業經營管理來說，正是切中時弊，對症下藥。創業家、經理人是兩個截然不同的特質，也就是人格特質不一樣。創業家必需具備的特質與任務通常肩負任務就是讓企業獲利，經理人則必須有效率的執行業務的推動，這必須群策群力，集思廣益想出最好方法讓企業在經營上達到賺錢的目標。

　　在現在這疫情困擾的情況如何創造企業的成功，書中提及成功不只是外在成功，滿足一般世俗給你的評價，更重要的是自己給自己下評斷的內在的成功才是追求的目標。

　　作者以其多年來在企業界為各公司提供有效率經營管理策略，可以說是為各企業找到正確的經營之道，**特別在最後章節融入「回歸內在本質」面，一切回歸原點與本質，顯更加有溫度**。分享相信本書的出版，必可以成為各行各業的經營管理，提供良好的對策，為此，特在本書出版之際為之序，期許藉由觀世音菩薩的慈悲與智慧遍滿人間，大家一起來營造建全的公司治理，建構安和樂利、祥和富足的社會。

黃書瑋

台北市艋舺龍山寺董事長

樂在工作，愛在生活

　　桂龍兄是我多年好友，活力洋溢、謙和誠懇。經營顧問公司忙碌之餘，也喜愛閱讀，並參與讀書會，樂於分享新知。他多方汲取前沿的管理案例，輔導企業在薪酬設計、企業經營、勞動法令等方面，卓然有成。我早就期盼他能將多年顧問輔導的實戰經驗，分享同好，如今美夢成真，我先睹為快。

　　文中提到一個故事，令我動容：他第一份工作是業務，某次老闆不明就裡地亂發脾氣，遷怒將文件甩在他頭上，並當眾痛罵他一頓。當下他穩定情緒，請老闆先息怒，說明會查詢再回報問題所在，並盡快提出因應挽救之策。這一番說服果真讓老闆冷靜下來，當場也息怒，當下情況終於緩和下來；後續他再向老闆有條不紊地提供解決建議，讓老闆反而覺得自己當天太過於情緒化，最後也對自己的脫序行為向他致歉。

　　我相信一個懂得向上溝通、情緒管控得宜的人，一定能發揮真切的影響力。文如其人，桂龍兄站在制高點思維，觀察台灣企業面對轉型、接班、創新的關鍵時刻，提出：找出企業與人生的槓桿點，應回歸到本質思考與修正力。這不啻是「世界變快，心則慢」的佳寫照。槓桿原理就是透過支點，巧妙的運用在施力與抗力之間。省

力或費力，端視於支點與施力臂、抗力臂之間的距離。個人支點的選擇，好比定準方向與校準位置。透過反躬自省，察覺思考、目標執行、情緒溝通、修正創新。方向代表效能，方法代表效率，兼具效能效率，才能「樂在工作，愛在生活」。

張宏裕

將苑領導工作坊主持人 / 新一千零一夜說故事人

馬上行動吧！擁抱「5 敢」……

隨著網路化，數位化的世代，改變了今天企業的佈局，現有的組織制度及策略完全和以前的經營模式有絕大不同。而面對現實的國際市場， 擺在我們的面前所看到的各行各業確實存在很多嚴峻考驗及空前的挑戰，但最終還是牽扯到「人才」及如何有效性的規劃運作之考驗。

早期在我們人生創業過程中，都用很傳統思維與邏輯，因而忽略了人才管理之運用，而繞了很多冤枉路才苦盡甘來。有些朋友經常好奇分享我的經歷過程，及人生的轉捩點，但是往往覺得每個人的經營想法，機運時間點、個性喜好均不同，或是有口難言，礙於面子，難以言喻之抉擇，或是缺少有建設性及互動的對話，往往會造成更多挫折而不自知。但問題所在，最終還是無法與人脫鈎。很多企業主，天天辛勤的打拼， 都強烈期待策略升級轉型，但仍然苦無對策。所以我認為 除了內外環境之變化，自我挑戰能力仍不足，所以，藉助專業人才的現代知識能力刻不容緩。而改變傳統策略，翻轉前進追求目標，也更必須藉助專業人才與時並進，共商對策才能事半功倍。

馬上行動吧，我個人覺得擁有「5 敢」可能是當今企業主、或

個人的最迫切需要的追求目標之一：

　　「敢」說出自己的盲點。

　　「敢」做別人未做的事。

　　「敢」分享自己的想法。

　　「敢」問前輩解決問題。

　　「敢」想挑戰改變現狀。

　　最後，從落實角度，本書除了精彩個案之外，很值得鼓舞大家讓我們可以更容易掌握四個方面~「商業模式、流程清單、人才價值、個人本質」，找到經營者與員工面的槓桿點。個人期許各位讀者看完本書後，勇於嘗試，過去單打獨鬥的方式與現今時代不同，我們要站在第一線，「成長的企業」與把握人才之良好互動關係，它永遠是第一優先要務，但沒保證一定成效。但是 Never too late to do! 持續努力推動不可能的任務。

　　好書推薦大家！

謝明満

阿爾貝斯特樂器有限公司董事長

化危機為轉機，轉煩惱為菩提

　　仲悅企管吳桂龍總經理是本公司薪酬委員會委員，常常給予我們許多兼具學理與實務的人資發展策略指導及建議，謹此一併致謝，此次有幸拜讀其大作。

　　吳總書如其人，本書以專業的態度、人性關懷的溫度、順應變化之高度，將數十年擔任企業輔導顧問之寶貴心得，以平易近人筆觸娓娓道來，讓讀者無須鑽研深奧理論、無須窮首於繁複表格，只要如作者所說：回歸個人本質，便可心領神會工作上、生活中諸多有形無形的槓桿點，化危機為轉機，轉煩惱為菩提，重新定義成功，為自己出征，故樂為之序。

葉唐榮

匯僑股份有限公司總經理

誰說工作與人生無法兼顧？！

有位經營很成功的企業主，略帶愁容並用無奈眼神告訴我，說道：「在他的經營歲月中，有條路看似很近，但走起來卻很遠……」，我好奇問他，究竟是甚麼路？

他說：「從策略、想法到執行，執行後能到預期目的。」他補充說明，企業要找尋好的商業模式與突破技術，這些都不難，但是想讓一群人，包括研發、業務、管理各單位都有共識，並且願意一同執行，這時就會發現問題一大堆……，單就內外衝突與協調上就會出現極大的歧見，遑論達成預期目標？

我其實深有所感。

但從另一個角度來看，我的某位好友，他曾向我描述自己剛剛投身職場時的滿懷理想與情境，表示自己「期待未來能有一份好收入、在有意義的環境中工作，每天起床便充滿熱情，即使忙了一天依舊成就感爆棚，而下班後自當是好好享受人生了……。」相信每個人剛跨足職場開始工作，肯定都曾有過這種美妙感覺，但可惜的是往往過沒多久就消失不見了。長時間工作常會讓人犧牲了自我人生與健康，不然就是對這份工作失去動機與意義，若再加上人際溝

通的繁雜問題，那真的就是只能流於「為五斗米折腰」，過一天算一天，隨時都想換工作、兼職或乾脆自己創業。而認真說起來，你的心其實已經離職了！

上述情境，你可能很熟悉或正在經歷中，一旦缺乏工作動機或意義，若組織正巧也缺乏妥善的經營管理，我相信這對企業與個人都是一大損失。看過或聽過許多類似心靈雞湯與工作技巧失效的例子，然而事實上，萬物當中其實都蘊藏著一些槓桿點，可以四兩撥千金地操作，讓工作事業與人生都能大放異彩，而這就是我想寫書的動機。

1996 年，國際知名企業 Apple 的董事會基於研發與商業利益的考量，做出一項重大決議，那就是將賈伯斯（Steve Jobs）趕出他一手創辦的蘋果。然而之後的三任 CEO 卻都無法逆轉局勢，直到 1997 年，Apple 已然瀕臨困境，董事會終於同意再次任命賈伯斯鳳還巢，希望由他來扭轉頹勢。1997 年當時，Apple 的組織編制約有 8,000 名員工，年營業額約 70 億美元，而行至 2019 年，員工人數成長到 13.7 萬人，年營業額更一舉超過 2,600 億美元大關。賈伯斯到底施了什麼魔法，竟讓 Apple 不僅起死回生，更加搖身一變成為科技業的巨擘？

這當中其實有個總被大家忽略關鍵槓桿點，那就是他甄選人才時，要求務必兼具以下三個特質：

1. 深度專業：人才總會期待能與另一群人才共事，凡事不斷精益求精並以此正面循環，既可幫助企業成長，也能幫助自己成長。

2. 關注細節：外在環境與企業內部多半只在乎成敗，以此論英雄，孰不知想要成就一個好結果，過程中必須累積多少調校與修正，換句話說，我更加關注的其實是平日投入的過程，這才是王道。

3. 合作辯論：現今社會中，單打獨鬥不易成功，一個好的團隊必然是充滿既競爭卻又合作的關係，溝通討論中自可堅持專業，不該鄉愿求妥協，目的無非是找到最佳方案。只是須謹記，爭論後大家應當握手言歡，繼續合作。

在台灣有許多值得尊敬的中小企業主，其創業決心與應變彈性，都可看到上述身影……，惟當公司組織愈來愈龐大，這幾項原則便不容易持續複製到團隊裡，關鍵原因無非是，企業重視短期量化、數字、績效考量的 KPI（Key Performance indicate），目標明確，由上而下的領導方式確實可以看到立竿見影的成績，但長期來看，卻也同時失去企業的活力與創造力，養成同仁上面說什麼，我就做什麼的劣習，企業往往也會因此失去創造下一個高峰的機會，產業創新，機會渺茫。

近年來，台灣開始流行新的績效管理方式—OKR（Objectives Key Results），這項由 Intel、Google 等企業大力實施的績效管理，

除了重視量化、數字之外，更著重於由下而上的溝通方式，在確定目標後，鼓勵同仁由下而上提出 KR（Key Results），並且不必直接與績效連動，讓同仁可以勇敢提出創新作法並勇敢嘗試。其實這些考核工具並不只用於企業，運用在個人身上也非常適當，包含個人健康、減肥、學習語言、交往異性朋友、生活小事等皆可，筆者跟個人分享一個秘密，其實我也是透過上述方法，方才得以完成這本書。

如何讓每個人重新找回「冷靜的腦、溫暖的心、熱情的手」，這才是組織與個人的本質，衷心期待自己在能夠在這裡，與大家分享一些實際故事與做法，共同互勉學習之。

吳桂龍

緒
論

面對關鍵時刻——
找出組織與個人槓桿點？

「給我一個槓桿點，我就能撐起整個地球。」

——阿基米德 *Archimedes*

阿基米德（西元前 287 年～西元前 212 年），偉大的古希臘哲學家、科學家、數學家、物理學家等，並且享有「力學之父」的美稱。阿基米德和高斯、牛頓並列為世界三大數學家，他曾說過一句話：「給我一個槓桿點，我就能撐起整個地球。」

記得我剛擔任企管顧問時，我在名片上的公司名稱下方，很直白地擺上一句話：「幫您的企業賺錢，人才分錢。」我們是做經營績效、薪酬管理設計等項目。後來發現有部份公司經過輔導後，並非都能夠明顯提升經營績效，原因在於企業經營主是否願意落實執行，常因困難半途而廢。我因此明白，解決組織變革，「決心」是更重要的事！我重新思考，除了專業戰略戰術外，如何**找出運營槓桿點、克服自己的心理與人際問題**，才是真正解決問題的核心。現在，我的名片文案一重新改為「幫您打通任督二脈」。

今日台灣企業面對一個**轉型、接班、創新的關鍵時刻**，除了舊經濟轉型到新經濟，企業從第一代過渡到第二代甚至第三代，實體經濟到網路經濟，處處充滿機會與挑戰。但 2020 年，新冠肺炎打亂全球化經貿體系，新危機順勢誕生，原本台灣企業透過中國大陸與東南亞生產基地，取得原料、產品的成本優勢，經過空海運到全球市場，再由歐美知名品牌加值，創造全球市場經濟繁榮，也同步帶領各國的內需市場經濟。但這條價值鏈已重新洗牌，原因是各產業都在這次疫情中遇到空前的嚴峻挑戰，傳統產業影響更大，企業

全球化美夢可能因此失靈，企業嚴重倒閉與失業率急速攀升。

企業與個人應該何去何從？

筆者在此分享一些輔導過企業個案，從務實企業主與經理人與基層勞工互動中找到一些心得，希望能為大家做個結構系統的解析，提供一些「槓桿點」思考，化危機為轉機。

企業商業模式與團隊，重新洗牌

我們隨時要檢核一下現行服務與產品，是否滿足客戶現行價值？某知名流通服務業，採取關閉許多室內用餐來面對疫情衝擊，推出一些可自行調理的外帶商品，加上 App 線上點餐外送平台，逆向操作下反讓營收成長，過去公司訴求家庭與小朋友聚會好地方，但現在因工作與疫情關係，大家越來越多喜歡自己居家或特定地方用餐，顧客在不同時間軸，有不同價值需求！而這家公司併購一家數位線上訂購新創團隊，強化數據 AI 分析，加速讓企業轉型，這就是他們找到「槓桿點」的成果。

現在是否能夠建立一支跨功能專案團隊，即時掌握外在環境的變化資訊，找出公司現行管理或產品優勢。如自己生產線可以開放產能，給外包其他合作或競爭廠商？業務傳統通路轉型的運用，

是否能吃下全部的通路呢？是否建立作業分享平台，類似 Uber 或 Wework 模式，可以透過內部創業或開發個人加盟合作，推廣我們產品與服務？將公司管理資訊系統可以商品化當成一門生意，販賣給我們同業呢？或是建立物流體系，趁機服務上、下游廠商，建立一個共享供應鏈？或趁轉型期開發便宜或新材料時機？新市場機會變化加快，如果不去思考，肯定失敗，這當中一定有許多轉型與創新機會點值得我們去嘗試！

數位化不得不導入，作業流程不得不簡化

多數個人與組織想改變很難，但這時若出現一次重大危機事件，契機往往便出現了。大家習慣過去成功的果實，這與組織慣性息息相關！但近來面對網路科技進步，消費習慣改變，新世代工作夥伴加入，這實是另一個關鍵轉折點—流程要簡化、強化全面資訊化。

疫情中斷許多商務活動，我們不得學習線上經營模式、會議工具，生活上透過線上購物結合食衣住行，越來越方便，人們的消費行為也因此改變，企業面對這個不得不的改變，開始著手進行數位化作業。

某一家貿易公司個案，原先都是國外客戶，過去到台灣或大陸挑產品與找樣品，這次疫情影響，歐美廠商因疫情，日後也減少國

際出差找產品，但因應市場變化，該貿易公司改變過去傳統銷售管道，重新思考一套**適合公司網路平台系統導入**—從「公司形象」網頁結合未來國際網路行銷，「產品型錄」可遠距線上進階搜尋與下單作業管理，把一大紙本文件轉化「客戶與產品資料庫管理」，透過「網站流量」數據分析等，增加掌握客戶資訊與互動，重點作業簡單化，很好的一家貿易業，正式轉型成功。但**流程需先合理化與簡單化，再談資訊化**，否則只是徒讓資訊化綁架同仁作業習慣，那麼資訊數位優勢，非但不能發揮經濟效率，反而造成排斥組織變革的心態。

如何啟動人才工作動機？創造價值？

企業會越來越在乎成本與績效投報率，當營收獲利銳減，企業可能優先考慮調整人事成本，例如裁員、減薪，甚至公司併購整合，結束營業。外在變化也不斷改變我們的工作與生活型態，最近調查如國外科技公司發現居家工作效率不受影響，故而開始鼓勵員工長期居家工作，不用來公司群聚工作，而這到底好？還是不好？畢竟也許大家都不在公司共事，員工價值觀與企業文化會不會因此產生更大的疏離感。

企業務實再重新盤點人力—我們的核心人力為何？是業務或研發？是技術師傅還是經營團隊？如何長期聘任或承攬外包？

　　我們一定要有清楚的工作指導與作業手冊，畢竟人才不容易找，流動率很大，企業要快速提供新進人員快速上手的作業模式，即使人才異動，作業規範還在，新人方才不至錯失銜接。加上人才勞動意識很強，針對法定工時，考勤給假與加班原則等，太多問題別在這模糊區間內糾結！

　　績效管理一直是企業主與主管的痛點！企業大多運用數據結果KPI 方式，是否有較容易評估績效的管理工具？兼顧目標與過程自主管理的 OKR 工具，適合嗎？同仁期待簡單易懂的方式，透過數位資訊化，明確回饋在財務與非財務上，不同層次的員工自會有不同因應需求需要被調整。

回歸自己本質思考與修正力

　　萬物本質回歸到人的心理意識。最重要是讓大家全體動員起來投入因應，組織一個好的人才學習交流平台，重回歸本質能力，一切以學習為先，趁機整理自己的本質能力，例如：

- **察覺思考**：是否具備敏銳觀察事物並系統思考的能力，可以察覺自己與別人心理情緒？
- **目標執行**：能提出具體目標，並有可能展開執行方案。
- **情緒溝通**：善於與人群溝通互動，並能隨時調整自己的情緒。
- **修正創新**：從執行方案來檢核目標，可不斷調整修正與創新展現。

　　以上四大本質能力，我們可從一些企業個案中看到成功與錯誤之間的差距，其中更藏著許多細微的關鍵槓桿點。比如業務人員接到一個訂單，透過研發設計、生產製造之間常會出現溝通不良，幾個單位衝突不斷，這就是所謂的─陷入「工作漩渦」。而面對這樣漩渦，許多人不願跳出迴圈解決問題，只懂得爭功諉過，這時除了清楚定義權責之外，更需具備清晰的思考分析能力，更要具備處理、釐清人際脈絡的能力，成功管理個人情緒，善用槓桿點，無論您是帶領團隊或被帶領的成員，都將更加順利，輕鬆創造客戶價值，個人也能享受職場成長快樂，讓自己的人生更有價值！

組織營運 VS. 個人轉型

台灣企業正處在一個面臨轉型、接班、創新的關鍵時刻，除了舊經濟轉型到新經濟，企業一代過渡到二代或三代，實體經濟轉型到網路經濟，充滿機會與挑戰感時代。只是 2020 年新冠肺炎打亂全球化經貿體系，大多產業都在這次疫情中遇到嚴峻挑戰，企業與個人應該何去何從？

創業雙引擎——
外部投資分析 + 內部思維態度

根據台灣人力銀行調查，高達 87% 上班族因為工作辛苦而萌生離職念頭，其中更有 31.2% 的上班族經常想要離職，另外則有 55.5% 的上班族偶爾會出現離職念頭。

我的好友在餐飲業工作一段期間，對職場生態起伏不定，無法掌控自我的失落感，心生疲倦，想轉換職場自己想當老闆，這場景似乎常在自己或我們周遭旁邊發生，可見企業主與高管應該多關注同仁複雜心理，畢竟想轉換職場與倦勤心態不時發生中！

　　英國一家市調公司針對兩千名英國成年人，以「工作滿意度」為主題進行調查。調查結果發現，有高達 60% 的受訪者表示已對現職感到厭倦，**平均每年曾動過 96 次念頭想換工作**。台灣人力銀行調查，高達 87% 的上班族因為工作辛苦而萌生離職念頭，其中有 **31.2% 的上班族經常想離職**，另外還有 55.5% 的上班族偶爾會出現離職念頭。

　　雖然我並不支持大家連內外評估都沒準備好就想異動，但我基於好友身份，還是陪他去看看，如何先從加盟創業展覽看起。

　　當天除了天氣酷熱，人潮洶湧，現場各家展店均推出飲料喝到飽來招攬人氣，我同時觀察到一些現象—台灣產業脈絡與年輕人目前關注的現象。當天加盟展示特別以手搖杯店佔 1 ／ 3 個攤位，20 ～ 35 歲的年輕人佔八成，許多廠商標榜成功創業的加盟金從 10 ～ 168 萬元不等，讓許多想轉行或創業的年輕夥伴，各個都想圓一回當老闆美夢！

　　我的朋友看到五光十色，引人側目的產品，以及聽完口吐蓮花的加盟商說明後，越來越感到混亂；看半天後還是霧煞煞，頻頻問我到底是加盟好還是自創品牌為佳？我建議他不妨從以下兩個觀點去思考—**外在看熱鬧（要注重產品與行銷）、內部看門道（營運管理）！**

外在看熱鬧—產品 VS. 行銷

　　外部首看產品與業務面—**這產品是否有特色與優勢？**評估一下這些產品是否與一般類似品牌無差異性？品質是基本盤，但若無特色與差異，恐怕也很難勝出！若在一般茶飲之外，還可看見有些標榜健康花草、異國風味、創意組合等議題，或許還可吸引目光與營

造與眾不同的感覺！但別忘了你未來店鋪地點與最後客戶群定位？是學生、上班族、家庭成員還是以散客外帶或公司行號外送為主的模式，結果不同就會有不一樣的組合。

目前手搖杯普遍價格落在 40 ～ 70 元之間，若擔心單一產品營收不足以支撐成本，可否再外加一些品項增加收益？例如有即溶茶包、咖啡包、餐點點心類等增加營收等，但也不要變成雜貨店，一定要有定位清楚的行銷策略才行！

行銷手法是否到位？許多店都導入網路行銷（如 FB、Line@ 等線上訂購平台），但外送費用會佔產品售價約莫 20 ～ 30% 左右（如 Uber、Foodpanda 等外送物流），當你加盟後再加上外叫平台，雖然提高曝光與營收，但利潤可能都送給外送平台了，這得多多考慮！若透過部分產品打響知名度，這種行銷模式倒無可厚非。由於手搖杯大多是區域型行銷，以傳統店員的親切服務與客戶互動，我個人還是認為、這才是最佳利器！

內部看門道─營運管理

營運管理（財務與人事等）是否到位？這方面往往是年輕夥伴最容易忽略地方！如果評估每店日營收 2 萬元（每杯 50 元 *400 杯）、月營收 60 ～ 75 萬元，這時約莫抓營業額的 30% 作為食材

成本，人事費用（3 ～ 4 人）佔 25 ～ 30%、租金最好 15% 以下（外面小坪店面約 6 ～ 8 萬元不等）、利潤可否有達 10 ～ 25%？此外要小心加盟商高估獲利率或誤導加盟者，不可不注意！而場地是否要提供座位，也會增加租金成本。最後保守評估，看來得花兩年時間才能回收加盟金，所以每月損益別忘了要算進期初的投資、設備等折舊！

人員部分，一家店要維持至少 2 ～ 5 位人手，如果全部是 FT（Full time），人事成本壓力大，可以考慮每天時段，長班（10 小時）與短班（4 ～ 6 小時或 PT 時薪制交叉排班），目前有勞基法規定一例一休，更有每周工時 40H、加班等限制，排班與評估工資時都需考慮。例如設計一套激勵獎金，讓年輕人更加投入工作，也很重要，大學周遭通常會有許多大學生去店鋪打工，目的就是賺取一些零用錢或體驗打工樂趣，但許多商店並未加勞、健保，出勤表凌亂，且薪資給付不完整，亂象頻生，這也是造成流動率變大的原因。

都會區租金高，投資裝潢與設備一樣不便宜，所以同家公司的加盟業者需慎選，他們是否具備品牌效應，提供經管管理資訊系統等也是重點。我常看到一些加盟業者，經營沒幾年，也只有幾家直營店，經營績效普通就開放加盟，搶錢感覺很大，加盟是否會讓你心生不安，這須自行評估。

利用企業商業模式與擴展計畫，如何短期內吸引更多經銷與加盟，擴展品牌營收，以及未來貨源物料供應，成功達到營收目標等，這些都很重要，提供有心創業夥伴機會雖然好，但讓他們更瞭解商業本質，走出不一樣的路線，避免誤觸經營地雷，少走彎路，也是更重要的社會目的！

我的好友看完也聽完我的敘述，深深嘆了一口氣，表示外在經濟環境不好，當老闆實在不容易，也許當員工才是一種幸福。他說要重新慎重評估自己創業的可行性後再決定。

槓桿在哪裡？

01

如果您想創業當老闆，不妨依序設立目標與方案為何？

1. 確認目標─自己是否適合創業這條路？目標是一家店或長遠 10 家店以上？獨資或合夥？自己的經濟壓力為何？

2. 找出可衡量進度方案─預計半年內啟動開店；評估產品計畫，確認產品品項與資金來源，完成地點選定，與產品量產穩定性與行銷手法完成等。

3. 定期溝通與修正─與你的合夥人或同事討論每個查核點，並作修正。

組織面對困境—
先跨兩步，化危轉機

某家經營績效很好的傳統產業，短短十年從 30 名員工的編制擴張至百人規模，營收績效逐年穩健，從個位數億攀爬至兩位數億，目前的經營重點擺在東南亞與海外設廠與營業所，堪稱是典型的「台灣隱形冠軍」企業。

冠狀病毒疫情期間，全台接近一半企業的營收受到衝擊，大家一時之間均感到束手無策。反觀這家導入 KPI 的企業，原先引以為傲的管理績效外，這時反倒綁手綁腳，窒礙難行。我發現，公司管理幹部若不到位，只是讓每年目標流於形式化，一旦面對危機，團隊往往很難提出創新挑戰方式。大家習慣讓經營者下指導棋，聽命行事風格已然根深蒂固。疫情發生期間，調整經營路線與體質，同仁很難主動提出想法與方案，常在每次提到各項改善專案會議中，反會把問題都推到其他人身上，即使有好的提議，往往也會被消極抵抗並陷入紙上談兵！

老闆錯愕這幾年都在這流於形式的管理上打轉，營收若有成長

只能說是運氣好，自己的經營專業跟團隊素質都不及格了。雖然大家都相信公司營收仍會持續成長，但問題是現行管理制度與幹部人才如何優化，才是他們接下來要提升改善的重點。

　　最難解開問題在於，面對各部門常各自為政，跨部門出現「**工作漩渦型**」問題，許多人都不願跳入這漩渦中。因為怕應付太多壓力，保護自己自當成為首要工作，如有跨部門議題，就先推給別人，一旦遇到這種困擾，最後肯定是誘使老闆或高管跳進去決定與處理，我們稱這是「**錯位現象**」─老闆做經理事，經理做工程師事，工程師做助理工作。大家都在往下降職工作，對組織不是好事！接下來每次會議後決議事項，主管不會主動當進度追蹤者，這是「**少了查核**」；規劃執行雖不難，但主管不願意當壞人與監督者角色，最後就是讓團隊或自己沿用過去經驗來決定，大家都不想面對創新的風險，因為這才是最安全與保險的作法，也就是被「**習慣綁架**」。

　　只是，要如何解決這種困擾？

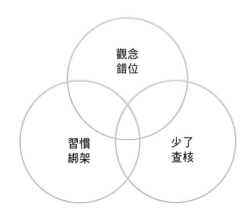

第一步：如何讓公司全體動員起來？可行方案是什麼？

經營者常理性思考數據與目標，但同仁需要的是夢想與感受！當推動專案與調兵遣將時，大家應重新布局機會與面對危機，我建議先成立一個專案小組，集思廣益，討論共識，並且舉辦一個員工溝通會，所有同仁都來想想看，公司接下來應該訂定何種重要方向，藉以降低同仁對未來的不安全感。世界名著《小王子》（The Little Prince）的作者安托萬・德・聖・修伯里（Antoine de Saint-Exupéry）說過一句話：「當你想造一艘船，不要急著找一批人來蒐集工具，不要指揮他們做這個做那個，你首先要做～只要教他們如何渴望大海美麗！接下來我們再試著接近他們，簡單有系統地討論如何分工......

當我們有了共識之後，具體提出面對外在衝擊的因應措施，如業務業績受影響，如何掌握客戶脈動，如何設計促銷方案，重新思考產品對客戶的價值或加速開發新產品，以及生產部門因應自動化與效能，行政管理部門針對人員因應變化對策等。

只要大家能夠分群組提出具體方案，這時再讓大家集思廣益，培訓大家思辯與解析能力，效果自可逐漸浮現。建議大家不妨運用一個白板與 post～it 排列組合，找到可行性關鍵方案。

最重要是如何提高執行與修正力，引導同仁**「提出因應對策**

能力」，過去老闆過於依賴中央集權方式管理，習慣導入數據科學管理，但也因此限制住同仁想法與不斷修正方案的精神。經常是從上到下，各個聽命主管行事，不用太多思考，認定老闆也許並不喜歡同仁唱反調，如此一來，工作順遂一切太平就好，年終賺錢大家分錢愉快……，這其實正是 KPI 包藏於民主管理之外的糖衣，但骨子裡還是中央集權管理，聽命行事的企業文化！企業面對外在變化，往往只會更加束手無策！

另外，多數公司都會有周會或月會，同仁例行工作報告，這時建議減少例行工作報告，鼓勵大家多提出建議或方案，透過「會議思考方法」，比如有金字塔思考法等，引導同仁思考步驟—確認問題核心、提問、跨部門思考、提出關鍵、解決方案、行動承諾等步驟，讓思慮更完整，讓同仁更有參與感，經過團隊對話，建立自己的行動承諾！

第二步：提升「把目標拆解為任務」的能力

自律不容易，這是人性。主管若僅僅交辦工作，這時只有目標，缺乏與同仁討論拆解任務的過程，那麼就會進展緩慢，效果不佳。再若主管又缺少查核能力，同仁就更會掛一漏萬，這時我就要奉勸管理者拿出「把目標拆解為任務」的能力—**管理者為目標負責，員工為任務負責。**

　　如果每天或每週可以給部屬非常具體、清晰、明確的任務，這就是關鍵時刻。員工可以減少猜測遲疑，按照具體要求，清晰地任務完成以及主管依周或月、季查核工作並詳列管理清單（Checklist），這就是 OKR[2]—目標績效管理精神，從上而下並同時由下而上地建立目標，並將每個人的關鍵成果明確標示出來，藉以定期查核溝通與導入調整。

　　比如業務單位集思廣義提出第二季「業績抗疫專案」—老闆提出「鞏固營收目標穩定因應，不低於月營收」，業務主管同步承上啟下，提出 VIP 客戶產品需求，本期由公司提出 VIP 優惠方案，要求業務同仁提出具體作法、清楚定義任務，並在約定期間內由主管再進行討論。

GG 公司業務代表：第二季目標與任務

目標 O	任務：關鍵成果 KR	查核與建議
Q2：推動專案～負責 VIP 客戶優惠專案；穩定公司目標營收 OOO 元以上。	KR1：4／1 前完成客戶資料庫／庫存分析。 4／8 報告 A 客戶（約 30 通）文件聯繫與電話方式。	
	KR2：VIP 優惠方案協調相關單位（倉管／會計）協調工作完成 4／20	
	KR3：公司網站提供資料分享轉給 VIP 客戶三波（4／20、5／20、6／20），並提出效果建議報告。	

　　對員工來說，他是面對具體任務，同時參與討論提出做法的人，作為管理者，你才是需為目標負責的人，所以一定要把目標拆解為任務。大家將重點明確落實任務，而不是互相責難對方無法達標，誰該負責並不重要，是否能夠提出更好的辦法，才是調整管理體質與人才練兵好時機！

槓桿在哪裡？

02

化危轉機的關鍵：

第一步：如何讓公司全員動員起來，振奮士氣並提出具體方案。

第二步：提升「把目標拆解為任務能力」。

註1 KPI（key performance indicate）：中文翻為「關鍵績效指標」，企業界運用數據做為目標績效管理的工具。註2 OKR（Objective Key Result）：中文翻為「目標關鍵成果」，不僅設定目標，更是提出具體關鍵成果與方案，定期查核做滾動式修正管理目標績效管理的工具。

「分錢」很重要──
身為老闆，如何弄懂賺錢、花錢？

身為老闆，請您務必先搞清楚以下三件事：賺錢、花錢、分錢！

　　我們知道許多企業主經營績效佳，也深諳創造公司獲利與生存之道，但大家可別以為他們都曾受過非常專業的管理課程訓練，許多人可是採用土法煉鋼成就大業的；反觀一些財經專家與學、經歷兼備的專業經理人，倒不一定可以成功經營企業。而這兩者的差異就在──**創業家、經理人是兩個截然不同的特質**，也就是人格特質不一樣。簡單來說，我們知道張良是個好的專業經理人，可以協助創業家劉邦成功打下江山，但我們若讓張良去創業，說不定漢朝開國歷史就會重寫了⋯⋯。

　　我們要體會一個非常重要的觀念：創業家必需具備的特質與任務是什麼？他們通常肩負很重要的三個任務：首先，讓企業獲利，說白話一點就是需要想出一套方法讓公司可以「賺錢」。

至於什麼叫做「花錢」呢？

這是因為企業要懂得哪些時候該投資，該花的錢就要有膽識去投資，不想亂花錢就要精控成本，哪怕被人笑自己小氣，也要錙銖必較，成本掌控得宜才是公司獲利來源。

而最後也是最重要的一個任務就是「分錢」，這件事情我覺得是更重要的，也就是與經營成果如何與伙伴去分享？如何與自己的人才、人力能夠共享成果，而有效的薪酬制度才能驅動人才，萌生工作動機。

一家來自台灣中部的傳產企業，在地經營已有三十多年時間，目前由二代中的長子接棒董事長職務，不到四十歲的他，將企業經營的有聲有色，走出企業新格局。觀察他的經營之道，我看到一些不同部分：這家 A 公司在業界為龍頭公司，員工 300 人，營業額 10 億元，營業利益約有 25%，表現不俗；但近幾年，全球商業模式改變，低成本大陸東南亞廠商搶國際市場，另一家國內競爭對手 B 公司改變打國際品牌形象，研發創新技術突破，短短五年內，取代其龍頭地位。而 A 公司業績直落到剩下一半的營收，獲利更低到個位數，面對縮小規模與裁員減薪地步。A 公司思痛之餘，二代董座除策略方向轉彎，並組織全面改組，找出新產品與新市場；透過資訊化改變產品開發與接單生產模式改變，找出與父親不同成本導向經營模式，於焉誕生。

　　個案中需拿出來的討論重點為，全球經濟景氣蕭條，國內各行各業均受到衝擊，A 公司不僅營收倍數成長直攻 40 億元大關，人力編制更精實到 160 人，獲利增加 30% 以上，針對採取精兵制的公司而言，多方聘用一些高階與技術人才，確實是聰明的作法。另外，年輕董事長授權總經理運營公司，自己則全力促成與上、下游公司的策略聯盟，並對新投資的台灣半導體周邊科技公司，也做策略性投資或併購，讓資金活用，產出更大的經濟效率。最後，改變過去年資導向的薪酬設計，採取績效導向模式，針對特定 Key Man（關鍵人才）另外設計限制型股票與留才方案，多方策略運用，公司成功轉型。

經營者的 3 個大哉問

　　老闆與經營團隊若苦思不知如何突破經營困境，這時最好透過同仁，集思廣益，積極討論找出一份經營新藍圖，並且確定大家願意一同往目標邁進，徹底展開「賺錢、花錢、分錢」的具體方法。

　　企業主必需對公司瞭若指掌，先讓企業賺錢，也許短期不能達標，但你也要明白這是轉型期間的陣痛磨合期，花上一些時間是合理的。此外，你更要明確地讓同仁們明白你的目的與接下來的整合策略。從上述這個例子我們看到，年輕董座勇於去挑戰，串聯中、下游產業，形成一個策略聯盟，甚至併購上、下游供應商，尋求更大的生存空間。

重點	過去	未來
營收獲利 （賺錢）	● 賺加工費，以國外代工為主 ● 大量標品	● 特定顧客群及較高單價產品 ● 國際消費者、國際知名品牌委託設計與客製化小量生產 ● 科技趨勢公司投資 20％；與上游供應商共同投資 60％
優化資源 與流程 （花錢）	● 組裝能力強 ● 傳統製造流程	● 加強工業與外觀設計及軟體功能 ● 研發模組化，讓開發成本低更快 ● MES 資訊化接單開發生產
獲利分享 團隊 （分錢）	● 年資薪 ● 沒標準獎金制 ● 績效管理不客觀	● 組織重整 ● 擴大招募技術與高管人才 ● 薪酬留才方案、目標績效管理導入

　　由此可看出，企業主想讓公司持續獲利成長，眼界絕非一般人之流，勇於投資的膽識也是關鍵，加上重用人才，讓員工們各盡其職來協助自己，這更是相當不容易的事，因為你要懂得如何吸引與善用這些具備營運專長的技術人才為你效命，甚至有些人還比你更資深、經驗更豐富，你要如何驅使他們願意幫助你，確實需要具備領袖魅力與格局。但是更具體是作法是，善用我們分享的觀念—「賺錢、花錢、分錢」模式，更是一大致勝關鍵。

　　也許你會認為企業主著重在「賺錢、花錢、分錢」這三件事上是抄短線與冷漠無情的舉動，上述個案後續也會陸續看到一些小問題，比如資深幹部不配合公司路線，舉眾反彈等，公司營運管理看

到這些問題時，則要將這三件事昇華到「內部領導團隊提升」的領域上，才能安全過關！

這時，老闆的第一階段任務完成，接下來還有第二階段的重點，也就是建立領導團隊，這些都是營運管理層面的重要議題，網羅領導層級人才幫你解決難題，筆者將在後續篇章與大家分享！

槓桿在哪裡？

03

身為老闆必須釐清以下三件事：

賺錢、花錢、分錢；接著才是建立領導團隊、解決營運問題。

當企業從「金字塔」
化為「變形蟲」……

一份調查報告指出，台灣中小企業家數雖佔全台企
業 98%，但營收卻僅占 30%，而就業人口更多達
78%，由此可見就業人口多，但企業營收不高，經營
相當困難！

當企業受經濟衝激後，勢必影響成本壓力，這時，組
織重整與人事精簡，重新審視是過去穩定金字塔組
織，多子多孫多福氣的傳統思維，將不復遵循……。

者有位學、經歷豐富且學識淵博的女性友人，過去一直
都在外商擔任高階經理人，已在目前任職的這家公司待
了有十年之久。只是伴隨企業改朝換代，最近業務開始
變得緊縮嚴重，短期內不易回溫，甚至還得向政府申請紓困專案，
組織重新工作重組，部分工作整合，人力精簡並部分工作外包化。
所以，公司主動向她提出調整工作內容，商議可否工作時間減半，
薪資比例調整；她也感謝公司一路照顧，考慮共體時艱，雙方達成
協議。但由於仍有家庭經濟壓力在，所以不得不同時接下一些其他
專案工作，所以也成為時下最盛行的斜槓工作族，盡可能同時兼顧

家庭生活品質與個人職涯規劃。

　　當企業從傳統金字塔型轉型為變形蟲型態，組織內部專職性工作開始質變，特別是中小型企業的部份工作，因無法給付高額薪酬來吸引人才，只好用部分工時專案型態來因應。至於個人期待薪酬也無法由一家公司來支應，可能得同時接下兩、三份工作才可達到預期收入目標，所以，企業與外界委託專案工作界，朝向多元型態發展。

　　曾有一份調查報告指出，台灣中小企業家數雖佔全台企業98%，但營收卻僅占臺灣整體30%，而就業人口更多達78%，由此可見就業人口多，但企業營收不高，經營相當困難！當企業受經濟衝激後，低營收面對成本壓力，這時，組織重整與人事精簡，重新審視是過去穩定金字塔組織，多子多孫多福氣的傳統思維，將不復遵循……。

　　企業這時必須隨時考量人力合理性問題，現有工作受到挑戰，加上現行新創企業大多是微型企業，創造的就業人口本就不多，許多工作勢必會轉型成 PT（部分工時）或專案外包性質，這個全新的商業經濟面貌，肯定要由內部與外部人員共同完成才行。

變形蟲式協同工作是什麼？

需知道最好的管理方式就是不要硬碰硬而是引導、激勵，比如先讓馬匹主動到河邊飲水，最好的作法是先讓這一匹馬覺得口渴，接著再引導牠朝河邊方向走，那麼飼主自然可以達成目的。

從事搬家與冷凍空調業是非常辛苦的工作，加上年輕人怕吃苦不願投入辛苦工作，這 若無高薪去吸引他們加入，實在很難找到人工。而許多搬家與冷凍空調業者因為無力留住人才，加上時有淡、旺季之分，差異很大，再如長期雇用固定人力成本也高，公司在成本與管理雙重施壓下，許多師傅乾脆自己校長兼撞鐘，自己跳出來另起爐灶還比較容易賺到錢，換言之，許多老闆頓時陷入兩難……。

我接著要聊的這家公司便是遇上這樣的窘境，一開始聘用專職工作夥伴，試用評估半年後，表現優異者可與公司談合作，原雇用每月三萬多元的薪水，但與公司合作成承攬卻可提高收入到十幾萬，就看自己是否願意辛苦多拚一點。師傅們只需專心工作，不用擔心業務來源與行政管理作業。反觀自己當老闆，除了每天拼命工作，還得關心員工，負擔公司營銷成本。這樣一個雙贏模式—這也是 18 世紀工業革命時代前，很普遍自由工作者模式，大家把勞動關係變成單純承攬接案的型態。

　　另一家日本料理店東，則是總常遇到員工想自己當老闆所以離職，長此以往，合夥股東之後乾脆決議，與其讓員工在附近開餐廳變成競爭對手，不如與他們合夥做生意！

　　這家是日本料理店，他的日籍料理長手藝非常好，人氣也很高，餐廳生意很好，擔心料理長未來可能自行創業，另起爐灶。這個時候，幾個合夥股東就覺得問題很大，因為這幾位合夥股東並非專業廚師出身，所以也擔心他們的日本料理店會受到很大影響。

　　這時，股東聯合討論出一種內部員工創業的新模式。

　　股東們正好也想到其他地方擴點，所以乾脆聘請料理長擔任其中一家分店的店長，除了高薪以外，每月更有營收紅利獎金可領，月營業額越高，所能分到的獎金就越高。

　　而這薪酬辦法果然吸引了料理長加入，但經過六個月，大家發現業績不錯，料理長也分到不少獎金，但股東結算後發現分店獲利竟然不是很理想？營收高但獲利不高，這個結果讓股東們非常訝異，查核後發現原來是料理長為了提高營收更加努力，但卻沒有控管材料與管理成本，也就是員工賺到獎金，但公司卻花了大錢……。

股東認為這是制度設計有問題，建議乾脆讓這位料理長加入股東會，讓他投入資本額 15%，公司讓利給他技術股 15%，也就是他在公司裡有 30% 的持股。料理長也樂於投資，還有乾股吸引，結果運營半年後，發現除營業額提升外，獲利也增加了。

這是一個完美的三贏方案，從中我們看到第一個階段是公司只給高薪，這可能只會讓該名員工本份地在這邊做一個專業料理長；直到第二階段設計出業績獎金制度，讓這位好的業務經理開始考量營業額，但仍不夠完善的地方是，店長還沒考慮到經營成本，不算是一個真正的經營者。等到第三階段開始，店長除了有誘因、利潤，還一躍成為投資者，這時候的他不再只考慮營業額，也會關心成本與獲利，而這就是「合夥工作」模式。

未來企業組織趨勢

目前的經貿環境是科技普及化，大者恆大，小者恆小，大型國際企業除了給予工作者高薪與提供穩定工作環境以外，絕大部分的中小型企業，營收獲利開始受到擠壓，人力管理開始朝向更精實的路子。

二戰後，全球企業科技業起飛，管理大師彼得‧杜拉克（Petet F.Drucker）時代來臨，企業績效訴求更多人性管理，如何啟發同

仁工作動機，產生更多營運績效，變成顯學；推行至今，數位匯流發達，開始發展出新經濟時代，從 Google、Uber、Airbnb 企業開始，透過數位科技讓組織與工作方式產生更大質變，新商業模式應運而生，許多工作開始可以委外派遣，與企業共享工作機會！

LinkedIn 聯合創始人雷德・霍夫曼（Reid Hoffman）分享自己對於網際網路時代人才變革的看法和討論，他認為「在網際網路時代下，員工與僱主之間應該建立一種『新聯盟』關係。特別在共同價值觀與利益點上。」在網際網路環境下，人才流動頻率增加，員工終身效忠於一家企業的情況已然成為歷史。當企業外在環境轉型，我們面對是企業不得遵從數位資訊化，企業與人才的新關係開始萌芽！

槓桿在哪裡？

04

1. 在網際網路時代下，員工與僱主之間應該建立一種「新聯盟」關係，特別是在建立共同價值觀與利益點上」。

2. 企業走出金字塔組織，開始執行所謂承攬、合夥工作的新模式，也就是「變形蟲」合作。

紀律與創新可以兼得？

知名職棒大聯盟的日籍選手鈴木一朗，創下連續十年200支安打的記錄，建立亞洲第一人紀錄，曾有記者訪問他問道：「您為什麼會這麼成功？可否分享一些訣竅跟秘訣？」

鈴木一朗的回應是，他並沒有甚麼絕竅，但他持續做幾件事，倒是可以跟大家分享……，且看以下分解！

先前曾看過新聞報導，在台灣虎尾有農友倒吊米來提高白米質量，有一天剛好在陽明山竹子湖故事館看到介紹蓬來米原鄉故事，發現展覽館天花板竟也有倒掛稻米裝飾……。我隨口問了一下展覽員：「這米為什麼要倒吊？」，經解說我才明白，原來這是日本農夫耕種稻米的秘方。而現代有些小農運用古法倒掛後米穗，把成串稻子倒掛日曬約三、四天，因為夜間有露水，水份、養份會從稻桿慢慢回流至稻穗，製成的米口感佳又回甘，讓米粒嚼起來更Q與香甜營養。目前更有些農家朝向有機栽培工法來耕種台灣好米，除了不忘記米的「前世」，更為米打造了璀璨的「今生」，這份傳統傳承與創新突破，確實不衝突！

　　曾在日商工作，或是跟日商公司合作過的生意人都知道，日本人作事情確實非常講究，甚至可說是吹毛求疵。當一個方案邏輯走不通，多半都會就這個論點一直討論到底，直到得出結論後才會進入下一個議題。這雖說是一個好習慣，但也有可能因此失去創新與嚐試錯誤的機會，兩者如何兼顧？

　　知名職棒大聯盟的日籍選手鈴木一朗，曾經創下十年打出，每年 200 支安打的記錄，建立亞洲第一人的傳奇，截至目前更已累計了 3,000 支安打的紀錄，成就非凡。曾有新聞記者訪問他問道：「鈴木先生為什麼會這麼成功？有什麼訣竅跟秘訣可以跟大家分享？」

　　鈴木一朗也非常謙虛，表示自己其實也沒有什麼訣竅，但他倒是有幾個原則可以跟大家說說。第一個是，他平常在練習時雖然非常龜毛、吹毛求疵，但只要上了球場，他會因應當時的情境，變得非常靈活，也就是隨機應變。至於他的**第一個習慣—自律**。只要隔天要上場比賽，他一定會在前一天晚上完成揮棒兩百次以上的自主練習，這是他從來不改變的習慣。

　　新聞記者問他：「為什麼要做這件事？你已經打得很好了，何必如此？」而他表示，任何人都在正式比賽時都可能會出現失誤，只有在前一天自主練習，第二天的失誤率才有機會降到最低，可見他對自律是非常要求的。但真正的比賽是必須隨機應變的，大家可別陷入先前的標準練習上喔。

第二個習慣—認清事實，若非己力可勝任，不要勉強。因為先天體格與能力不是一個全壘打王，所以他不會勉強自己奮力成就一支全壘打，他就是把握每次上場機會，盡力打出一支安打。但他又是如何保持穩定性呢？

他表示自己會在打球時觀察投手的球路，不只好球要打，就連壞球也要揮揮看。原因在於他認為好球、壞球的差別只在一念之間，只要隨機調整自己的揮棒姿勢，即使是都有機會變成好球，成功揮出安打。

第三個習慣—有備而來。也就是說，他有一個從不為人所知的部分，那就是若今天比賽時，教練臨時安排他擔任外野守備，他若接到球甚至接殺成功，那麼他便會將棒球丟向觀眾席，與球迷們分享成就與樂趣。假設今天來了十萬個球迷，那他會將球丟給哪一個特定族群？不說大家恐怕不知道，他其實會把球丟給小朋友，因為是小朋友是未來希望，要鼓勵他們，如果今天小朋友來了幾千人，他會丟給一些更特別的小朋友，就是帶著棒球手套來看比賽的那群……。

為什麼？

因為他認為這些小朋友不只喜歡棒球，而且還是「有備而來」的，這些人更加需要被鼓勵。因為心態是有備而來，加上喜歡棒球，

未來肯定在這方面會很有成就，這既是一種傳承，也是某種精神鼓舞吧！所以我看到鈴木一郎之所以成功，與一般職棒球星不同，差異點即在於他的態度更認真，講究自律與創新，並讓理性與感性並存，我想這就是他的成功訣竅！

最近他還補上一句話，小朋友沒帶手套來，接球容易受傷！聽來還真覺得溫暖……

聽完這些故事，我們再回歸正題，某些日商公司非常講究事情的完整性和嚴謹性，在我輔導過的公司個案中便曾發現，日商公司老闆雖然中文不夠流利，聽力也普通，但他還是要求親自參與每個會議，勤作會議筆記甚至踴躍發言提問。透過翻譯希望讓員工們瞭解自己想給予什麼？台灣企業目前的作法？廠商如何看待績效與成果？……不斷深入瞭解後，除了感謝別人給予的建議看法以外，自己更會回頭思考並整理思緒，等到下次碰面討論時，他會在度提出決定與看法—那就是「打破砂鍋問到底，還要頻問鍋子在哪裡」的精神。反覆思索並且不斷求證，期望未來能建立標準化制度，但又擔心依照標準執行是否會失去創新與挑戰性？

會嗎？當然會……！

有時，優點就是弱點，過於規律標準化往往就容易淪為不敢冒險，這時，隨機應變的能力顯得格外重要，惟有時時懂得修正調整

平日標準，這才是最重要的關鍵。換言之，記得設定標準化制度以外，更別忘了增加一些創意思考，讓每個人都能為挑戰未來設定一些標準，進而找到新的里程碑與新市場。

槓桿在哪裡？
05

1. 平日紀律標準化
2. 當下情境創新化

客戶跑光了……
恐怕是因為你忘了做什麼？

曾看過一部真實山難電影《聖母峰》，劇中有一幕，有人問為什麼大家要挑戰它？，每人笑說：「因為那座山在那裡！」當時我心想著：「每個人心中都有一座挑戰的山，最後都是自己與內心磨鍊……」
劇中登山顧問曾對著團員說：「生或死，都由這座山決定」，聖母峰自有它的一套運作法則，但是當人們看不清外在環境變化或選擇錯決定時（如外在氧氣瓶不足、個人是否堅持錯的決定、錯過下山時間等），往往就會喪失性命。

自己的第二份工作，是從傳產轉職到一家美式科技公司任職，這是兩家經營管理風格截然不同的公司。記得當時進入新公司沒多久，我接到一個任務：我只有一天的時間準備，要向總裁與主管提出一份專案簡報，時間確實緊湊。但幸好自己過去的實務經驗夠多，所以我還是作好妥善準備，第二天硬頭皮上場做彙報，並且相信自己絕對有能力應付甚至受到肯定。

　　萬萬沒想到的是，當天上台報告還不到三分鐘時間，老闆便直接把我臭罵一頓，轟我下台，他怒氣沖沖地說：「我根本聽不懂你在講什麼？」當時的我焦急萬分、羞愧無比，心裡直想著他為何不等我報告完畢後再批評？下台後，他看我很挫折，嚴肅地提醒了我三件事：

（1）WHY？這次的彙報時間是二十分鐘，開場白很重要，老闆給我了一個提問，他說：「在你報告的前三分鐘之中，我完全不知道你今天要說的重點是什麼，你也沒讓我感覺，自己幹嘛要留下來聽你做簡報？」畢竟現在的客戶決定購買意願的時間都是「瞬間決策」，也就是 1 ～ 2 分鐘。

（2）WHAT？你是否了解今天台下觀眾也就是你的客戶需求在哪裡？並且做到事前了解嗎？繼開場白後，第二個話題就是我要講些什麼內容？掌握需求很重要，必須清楚告知對方那些價值與功能所在。

（3）**前兩者若不清楚，你就沒機會談接下來的 HOW？**也就是行動方案。企業競爭與消費價值改變，若無法及時掌握需求面與警訊，那就會來不及因應變化而快速潰敗，如果我還是沿用過去的傳統思維，認定專業就是一切，那麼肯定沒辦法找到客戶價值！當看見有時間、進度及方法時，將會更貼近需求可行度！

曾看過一部真實山難電影《聖母峰》（Everest），劇中有一幕，有人問為什麼大家要挑戰它？每人笑說：「因為那座山在那裡！」當時我心想著：「每個人心中都有一座挑戰的山，最後都是自己與內心磨鍊……」

劇中登山顧問曾對著團員說：「生或死，都由這座山決定」，聖母峰自有它的一套運作法則，但是當人們看不清外在環境變化或選擇錯決定時（如外在氧氣瓶不足、個人是否堅持錯的決定、錯過下山時間等），往往就會喪失性命。

同樣的，當企業不顧一切堅持理想時，不知外在環境驟變，未能轉型調整團隊隊形，那便很有可能釀成巨大傷害。我們可把顧客當成聖母峰，她會有一套自然法則，我們或許無法征服客戶，掌握她的脈動，但我們可以親近她，若一旦遭遇逆勢便無法克服心魔障礙，自然會被外在市場吞沒，黯然出局。

某一國內資訊顧問公司，一直是 ERP 客製化為主要營收來源，也發現許多一定規模企業都曾從導入相關 ERP 系統，但大家只願意採用雲端租賃，也就是只想以便宜成本即可享受標準模組化服務，享受硬體建置成本以及 IT 人員委外服務，顛覆過去花大量資金與時間成本客製化費用。這個公司跟大家一樣，從善如流，成立雲端租賃事業部，顛覆自己過去市場，雖然初期營收影響很大，但趨勢使然不得不因應，雖說未來是否轉型成功尚在未定之數，但過

程中經營團隊時實不忘聆聽外部客戶聲音，盡力「轉型」與「創新」，各位或許聽過國際知名軟體公司 Saleforce 吧，它也是在關鍵時刻轉型成一國際大型企業的實例。

查核客戶變化的四個提問

Q1. 公司網站能是使用手機瀏覽？內容說明是否老舊？

因為今日消費者使用手機查詢資料頻率高到 8 成以上，若公司網站無法呈現手機版（RWD 模式），必然無法在行銷發展上表現亮眼，消費者或舊客戶將與離你而去卻不自知……，這是趨勢與習慣問題！你的公司網站內容還是公司簡介／沿革／產品介紹／……聯絡專線等項目嗎？這樣可能也無法留住消費者目光！

公司必須懂得內容設計，吸引目光停留，進而在呈現你特色與專業，滿足顧客需求，提高下單意願或與直接與你洽談生意！另外透過網路行銷方式，運用 Facebook 或 WeChat、Line 等相關通訊社群軟體，將線上集客導至線下消費，雖然不一定會讓公司業績馬上提升，但至少不會讓客戶直接被競爭對手帶走，而且自己還不知原因！

Q2. 公司產品銷售，仍需依靠拜訪經銷商？

中小企業可能以口碑塑造品牌，業務與經銷商之間也是多以拓展業務為優西，但需注意許多老客戶之所以移情別戀，往往是因為他們早已移情別戀，無法幫你創造好口碑。再如許多消費者已從其他管道來源，如知名社群網站、網紅直播等方式串聯消息，這個模式已讓原來的銷售管道產生質變！

Q3. 公司產品已經老舊，無法滿足客戶需求？

產品有可能現在已無法滿足客戶需求，或現行服務已無法滿足顧客期待，例如3C性產品每季都要改變新功能，餐飲業者需要另外架設外送平台，企業專業顧問諮詢服務，則是需要實體與虛擬一起做等等……。

Q4. 微權力興起，你的管理團隊是否已重新設計？

無論政府、團體、企業等組織，眼下都已發生重大變化，中央集權管理方式已不再吃香，少數人做決定的方式已不復存在；大家必須因應變化快速的外在環境，透過團體群策群力，讓作業流程簡化、運用更有系統與彈性的模式來做管理，嘗試跨平台組織來溝通

效能，方才能讓創新與紀律並存！

一旦，因為外在環境瞬息萬變，企業必須明確掌握內外訊息，否則陷入客戶流失窘境，勢難避免！正如標榜高效能設計的新車款，但若運用過時且老舊引擎，那依舊是無法驅動車子成功上道的！

槓桿在哪裡？

06

不希望客戶不知不覺地流失、離你遠去？那麼請你開始建構一個查核清單：

1. 公司官網　　2. 銷售通路　　3. 產品價值　　4. 組織流程

理性與感性之爭—
企業如何兼顧獲利與社會價值？

常言道，一個訊息至少要說上七次才會被清楚記住，
企業或組織營運之所以出現漏洞，箇中關鍵點往往就
在此。

組織除了採用上對下的溝通，別忘記平行溝通也很重
要，再如未來若有團隊往社會企業方式經營，成員更
要經常凝聚共識與交換想法，以免澆滅企業成立初衷
與熱情。

現行世界變化速度之快讓人瞠目結舌，企業中的某項明星
產品可能鋪天蓋地般快速成長，卻又很快地瞬間跌落谷
底。企業走向資本、知識密集模式，本業經營不易，利
潤也越來越薄。許多新興行業改用低價或虧損來補貼消費者，除了
為想求快，搶進市場以外，也希望藉此打敗市場龍頭，採用破壞式
創新另闢戰場，上述自殺模式可謂比比皆是。

　　此外，企業透過併購快速成長，不再緩步研發，靠學習曲線來取得市場，而是改用速成方式來跟市場對賭一把大的，一家擁有二、三十年歷史的企業，驟然被新興產業或網路取代，從此在業界版圖上消失，比比皆是。資本化市場越加嚴重，企業如何兼顧獲利與社會價值，做一些對社會有意義的事？

　　目前有種介於非營利組織（NPO）與商業型公司之間公司，我們稱之為「社會企業」（Social Enterprise），該組織源自於歐美，是一群有共同志業的夥伴透過商業模式來解決某一個社會問題，與一般企業的成立動機不同，成立宗旨是為了創造「社會價值」。社會企業以營利公司或非營利公司的型態經營，其盈餘繼續投資企業本身，或是繼續解決企業所關懷的社會問題。

　　這又與有些企業成立基金會或財團法人不太一樣，它們可稱「企業社會責任」（CSR），上市櫃公司會被要求承擔社會責任，需對企業大眾揭露，通常作為企業經營策略的社會責任。歐美各國向來以資本主義企業體作為出發點，針對社會企業議題有成立 B 型實驗室（B Lab）所發起的 B 型企業認證，針對公司治理、員工照顧、環境友善、社區照顧和客戶影響力等五個面向進行評估後，頒發 B 型企業認證，主要鼓勵推動「社會企業」的方向。

　　很多人大多是從股票市場 EFT 或基金中認識 ESG ─ E 是指環境（environment）、S 指社會（social）、G 是公司治理

（governance），有想法的企業會讓國際法人對它們的投資加碼評定。對的關鍵問題，除了獲利之外更要回答：「公司的存在是否對社區有利？企業是否改善了環境？企業在創造財富的過程中是否做了有悖道德的事？」

也許以上議題對部份上市櫃中大型企業而言，為了維護商譽與形象而不得不做些事情，但中小型企業不一樣，大家自可成立一群團隊，滿足商業模式與解決社會問題目標。

例如一家書店不僅幫助公益團體，還為環保盡一份心力，只要你買一本書，書店就會相對捐出 1 塊錢；或你覺得自己家裡舊書太多不好處理，所以交給愛心書櫃處理，它們會主動幫舊書找到新歸宿，或是送往偏鄉地區，讓需要的民眾加以利用，結合教育並普及實踐，小小的一個舉動，讓我們的環境更美好。一家民營的復康巴士，從一開始的一台車、兩台車，慢慢累積到現在二十幾台車，然後累積七千多個客戶，沒有任何的身份障礙限制，解決身障人士去醫、就學、就養及就業問題。

一般來講，建立社會企業常是年輕有理念的人比較會去嘗試的事，但這些人往往因為社會歷練不足或資金缺口而難以持續下去。這種工作對於職場退休人士來說，其實最合適不過了，畢竟這群人擁有社會歷練與資源，但往往因為缺乏衝勁與體能，所以只能徒嘆負負，這時若有一家結合「職場資深菁英」與「年輕夥伴」的組織，

資深菁英可以將一身專業、人生智慧分享給年輕夥伴，人生與職場中若有達人帶路，也能讓這群中高齡人士重新回歸市場，資源得獲善用。

這樣的黃金組合因為不容易成局，以下列出三項關鍵查核點讓有志人士參考，藉以增加成功機會。

（1）建立領導團隊與組織分工

領導團隊格局與素質很重要，如同一個人的大腦或家中的大家長，核心人物必須對社會願景具備強烈動機，未來或許跌跌撞撞，團隊中甚至出現對立意見，但領導人務必堅持，信念堅強。另外，資金與行政事務也會讓富有理念的人面對殘酷現實，動機堅定勢在必行。

領導團隊不要多，3 個人左右即可，大型組織可能擴充到 3 ～ 5 位。一般為集思廣益之用，也建議避免一人主導或是多頭馬車，畢竟人數過多，意見往往也會因過多而難聚焦！

另外，建立組織分工—行銷組負責公關與企劃活動，營運組負責相關活動，藉以爭取外部資源與參與對象，管理組負責自然行政與財務、人事資訊方面的統整。特別是徵募志工部分，透過培訓與

學校資源，讓志工服務人員的參與動機與專業職能均可到位。

（2）組織有共事樂趣，有明確流程數據

具備共同願景，建立明確方針，但更需要同仁來落實；這時若有一套驅動流程，才能讓組織運作更順暢！

這樣的組織團隊成員如同企業一般，要有職責、職權、誘因、規範等，特別是專案執行中相互鼓勵與激勵，大家在這樣團隊需要是意義性，與執行中樂趣性為首。比如辦理銀髮就業活動、課程教導，由活力十足的專案經理去放手帶動現場氣氛，會前會後如選手般進行隊呼與鼓勵儀式，讓大家如同參加一個盛會一般。另外，特別是在財務數據方面，盡可能做到財務透明，向團隊說明資金流向，例如在每個月月會上由財務向團隊報告，藉以避免讓人誤解是否有特定人員在財務上動手腳。

（3）強調分享—會議與活動

願意參與這樣的公司或組織的人，在性格上肯定是多了一些社會性特質，有些公司顯然屬於威權一言堂式，而這樣團隊需要多一些分享與民主參與，避免會而不議、議而不決。

　　有人說，訊息溝通至少要說上七遍才會清楚，這不僅是跟同事溝通，如何上情以下達，許多組織溝通出現問題往往都卡在此一環節上。組織經常運用上對下的溝通，更別忘記平行溝通也很重要，例如內部非正式活動或網路等，都是可行的方法。

　　未來若有心想成立這種社會企業，記得成員之間要經常凝聚共識與交換想法，而社會也要多些人來關心這些夥伴，否則極容易澆滅他們的熱情與成立初衷。

槓桿在哪裡？

07

1. 領導團隊願景要強烈。
2. 系統性組織動員能力、定期公布財務數據。
3. 強調工作過程中的意義性與歡樂性。

善用流程績效

你是「思想的巨人，行動的侏儒？」

其實光有商業模式或轉型思維是不夠的，你更要有
「方法」、「行動」及「修正」的決心。如同善用會議、
清單、流程標準、績效工具、資訊化等工具，徹底發
揮組織及個人最大經濟效益！

「開會」人人愛？
不妨從垂直與水平兩大視角談起……

在會議中發言，是屬於心理學中所謂的「社會表現」的領域，若要大家踴躍發言，必須要在「安全與接納」的氣氛下才有可能；另外，會議的決議及後續執行方式也會影響發言意願，如果會議僅是形式，最後仍是以高層裁示為定，這時員工們多半不會提出意見甚至參與討論。

簡單來說，如果老闆與高管常屬於權威式的氣氛，即使盡渾身解數鼓勵發言，也只是流於形式……。

dam 是公司 CEO，每天面對大小不同會議，他認為若現場氣氛不佳，往往讓會議變成自己的一種壓力，同時也是浪費時間！

　　他發現同仁通常不是默不吭聲就是大發厥詞，討論老半天依舊是爭功諉過，否則便是議而不決，討論到最後只能請 CEO 下結論，

認真想想，這還真不是 Adam 預期的結果。

後續如何改善這個問題，不要讓大家虛度時間在沒有效能的會議中，他請我給個建議，觀察到底問題出在哪裡？

而就在一起參加幾場會議後，我整理出幾個問題與建議：

Adam 常當主席，一開始就先下結論而不自知。另外會議中常是某幾位員工霸佔發言，主席也沒有引導其他人參與意見，甚至到最後也沒要求製作會議紀錄甚至提出結論，換言之，這個會議並未做到 **「會」**、**「議」**、**「決」**、**「行」**、**「果」** 這幾項主要重點。若認真看待，Adam 更是最重要的「戰犯」之一，所以我建議 Adam，最好開始革自己命吧做⋯⋯

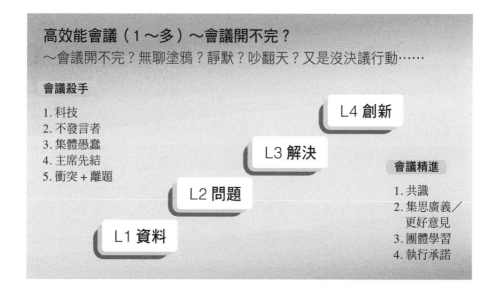

高效能會議（1～多）～會議開不完？

～會議開不完？無聊塗鴉？靜默？吵翻天？又是沒決議行動⋯⋯

會議殺手

1. 科技
2. 不發言者
3. 集體愚蠢
4. 主席先結
5. 衝突 + 離題

會議精進

1. 共識
2. 集思廣義／更好意見
3. 團體學習
4. 執行承諾

L1 資料
L2 問題
L3 解決
L4 創新

在會議中發言，是屬於心理學中所謂的「社會表現」的領域，若要大家踴躍發言，必須要在「安全與接納」的氣氛下才有可能；另外，會議的決議及後續執行方式也會影響發言意願，如果會議僅是形式，最後仍是以高層裁示為定，員工們往往不會提出自己的意見甚至參與討論。

簡單來說，如果老闆與高管常屬於權威式的氣氛，即使盡渾身解數鼓勵發言，也只是流於形式。所以身為主管，請先思考自己是否會不自覺地陷入會議一言堂的陷阱？畢竟會議最怕的通病是「會而不議」、「議而不決」、「決而不行」、「行而不果」，也就是說，一旦開會成了見面會，每次再召開會議時，所有的會議程序與技巧，均以主席引導發言為主，員工們如何提高討論意願？畢竟更豐富的意見及討論，將是提昇決議品質的關鍵，進而讓組織達到正向循環。所以，建議會議可從掌握「資料」開始，進而界定「問題」，再來提出「建議方案」，最後是檢視是否有遺漏或與建議不一樣的「創新」方法出現。

提升會議能力兩個視角

視角 1：如何避免冗長與無意義的討論，強化效率與結果？建議可以依照下列的會議步驟試試看：

首先，可以從目的、原因（成因），說明對大家造成的影響及重要性開始。（Why）

其次，討論主題為何？（What）

第三，落實執行、改善作法，也就是具體方案的討論。（How）

最後，在歸納結論時必須提出可行建議，進而成為行動的追蹤目標，並且明定由誰來負責，這樣才能落實執行。

視角 2：人、事、時、地、物等面向來檢視會議的要件。

　　「人」—為了有效參與，必須鎖定利害關係人或相關部門出席，否則濫發會議通知的結果將使會議室內坐的盡是「事不關己、己不操心」的「旁觀者」，除了限制開會時間內不可做非會議之事，比如玩手機或打非今天會議主題之文件，主席針對不擅於公開發言者，可鼓勵對方採用書寫方式陳述意見亦可；還有盡量排除「集體愚蠢」現象—為求共識，一味求人和為貴，以求快速共識與妥協為目的，因為這往往只會造成大家共同決策出一個壞決定。Apple 創辦人賈柏斯一直推動企業主管必須具備三種能力，分別是「深度專業」、「專注細節」、「既合作又衝突」。他非常強調會議溝通時一定要專注細節與專業，會場上不惜發生衝突，挑戰對方，但只要形成共識，會後一定要做到握手言歡，繼續合作。

　　「事」—議題訂定須有其急迫性與重要性，在發出會議通知前即應溝通確認，而不是等收到通知甚至進到會議室後，才表示知道主題為何？如果牽涉對象過多或議題過於複雜，可先召開會前提醒每個人事前準備資料與建議，藉以確保會議效能。會議中，主席必須引導討論，避免離題並促成結論，針對決議事項更應展開行動方案的討論，並約定需於效期內完成。

　　「時」—議程規劃事關會議的成敗，例如準時開會，準時結束會議等，各議題必須配置合理的討論時間並精準掌握，尊重每個員工的時間成本。

　　「地」—會議地點或會議外圍環境必須不受干擾，建議位置需適中，以利遠道而來的出席者與會，若要視訊會議，更需事先考慮相關線上會議的設備穩定性。

　　「物」—是否限制使用手機、筆電或其他干擾會議進行的物品，除了平時應養成良好的會議禮儀，會前主席可再次提醒行為規範；另外，必要的設備，如資訊、簡報、音響等系統於會前應測試完備，並確認相關會議資料備妥充足，也就是「參與者充分討論並達成共識，落實執行且展現具體成效」。參與這樣的會議，不但是有要溝通、解決問題的過程，更是集體學習的最佳時機。

　　會議是組織優化中很重要活動，協助團隊共識，提升工作績效；

以至於企業轉型創新中很重要的溝通模式，建議企業在做主管培訓時，如何主持好一場會議的能力，是很重要的課題！

槓桿在哪裡？

08

開會議的兩大視角：

視角 1：Why？What？How？

視角 2：人、事、時、地、物等面向來檢視會議的要件。

建立三維度思維──
避免無謂的努力、確保高績效

何謂「無謂的努力」？

- 跨部門橫向協調不一致，工作績效不彰。
- 努力工作卻總被主管更正或篡改……
- 主管認定自己做比較快，自己跳下來執行後卻往往壞事。
- 公司習慣能者多勞，但主管看不到員工辛勞。
- 勞動法令綁住主管與僱主管理權，賞罰分明難落實。

筆者與多家企業高管團隊分享外在競爭環境與營運管理對策，雙方均認定，光靠傳統規章制度建置流程與靜態管理 PDCA（Plan-Do-Check-Act 的簡稱）已然略嫌不足。企業必需執行價值創新才能致勝，單憑專業將難保市場優勢，資源整合更是王道！許多企業都警示這種現象，也做了許多培訓課程，但卻總淪於口號，也就是我慣稱的「無謂的努力」！

- 跨部門橫向協調常有上下不一致的現象，上一站工作延遲影響下一站時效。

● 工作很努力，但常被上司與客戶改來改去，「做的流汗，還被嫌的流涎 ......」（台語）

● 主管總想一個人做，認定會比一群人做還快，但結果往往令人冒冷汗。

● 公司能者多勞，有能力的同仁多勞但沒多酬，主管也看不到明顯績效。

● 勞動法令綁住主管與老闆管理權，主管們不知該如何賞罰分明。

　　如何改善上述情境，其實並不容易，畢竟若貿然導入一些單向管理制度—如流程改善、績效管理、培訓等，常會無法整合經營者、經理人、同仁三方的互動，結果就是不盡人意。如何整合三者之間連性？一定要從協同三股強而有力資源—從績效（performance）、流程（flow）、心態（Attitude）三維管理做起，才是治本之道！

第一維度：定義衡量績效數據

　　首先，找出經營者「終極目標」，進而啟動「領先指標」！「領先指標」代表過程中發出 ALARM 訊號，這才是平日談數據指標的重點，從這裡找出原因才是黃金，也可說是一種「防呆機制」或「熔斷機制」，防範風險的發生。可惜的是，許多公司在這一塊做的不到位！

單位：國內業務部　部門主管 Tom

OKR-Y		OKR-Q1		OKR-Q2	
項目	標題	項目	標題	項目	
O1 **營業額達到 17 億**	O1	營收 4 億	O1		
KR1-1 代工與維繫～落實每周作業時間與品質查核	KR1-1	每月品質查核作業執行 98%	KR1-1		
KR1-2 新經銷商開發～電話客勤　家；拜訪　家；提案目標　%	KR1-2	拜訪 10 家，提案 3 家	KR1-2		
KR1-3 CRM 落實 - 每日報表完成／每月客戶 ABC 檢討／每季客戶需求預測	KR1-3		KR1-3		
O2 **業務（儲備幹部）培訓**	O2		O2		
KR2-1 Q2 完成 sale-kite 與產品專業教材 / 訓練計畫	KR1-1		KR1-1		
KR2-2 Q3 執行訓練課程；至少每人 12H 訓練	KR1-2		KR1-2		
KR2-3 Q4 完成業務 SOP 與人才驗收測驗做作業	KR1-3		KR1-3		
O3 **新市場（新產品）開發營收 0.5 億**	O3		O3		
KR3-1 Q2 完成針對國內外大廠 /5G 通訊廠 / 分級與建議	KR1-1		KR1-1		
KR3-2 Q3 每月至少電話克勤　通；拜訪　家　提案綠 50%	KR1-2		KR1-2		
KR3-3 每月針對提案資料；協調相關部門配合完成	KR1-3		KR1-3		

　　何謂領先指標？這是企業觀察未來成果的警報器，讓我們領先掌握訊號，超前佈署，比如客訴率不斷高漲，是否代表我們提供的服務或商品良率出現問題？股市中常有一些股票觀察重要指標，比如殖利率、本益比、股價淨值比、KD值、MACD等技術分析工具，可以預測股票未來是否上漲或下跌，雖說不一定很精準，但也是一種訊息預測。

　　如世界百米賽跑記錄是 9.8 秒，而我跑了 20 秒！我自信可在半年內達成 11 秒的成績，這是我的終極目標，但我要如何做到？所以我要展開各項關鍵執行方案成果，如果能夠找導明確因果方案，我們才能稱為領先指標或 KR s（Key Results）。至於如何在過程中掌握此項指標？以下的生產 OKR 範本可供參考：

（1）技術 O：創造優質商品與最佳服務，並準時交付顧客手上。

（2）技術 KR：

● 交期準時：在業務認定的交貨時間下，達成率 99.9%。

● 在廠工作品質：依照各單位標準作業準則，品管達 A 級。

● 出場良率：客訴金額 0 元以下，若有客訴流程，亦可在 3 小時內完成。

● 依照標準作業清單，並事前新完成自主品檢落實 100%。

　　上述 KR 執行中如何評核、改善、再行動，如何透過過程中不斷修正才是重點！！

第二維度：流程簡化與合理

我們是否經常遇到下列問題：

● 員工離職，專業知識是否也一併帶走？

● 專案與訂單管理，作業流程環節未扣緊？常有一些錯誤弊端。

● 跨部門溝通很困難？

● 主管總是花很多時間在掌握進度？

● 流程節點如何查核？跨部門之間如何掌握彼此的進度？

上述這些問題是組織經常遇上的窘況，許多公司為方便流程管理，試圖導入所謂 ISO 系統來做流程表單管理，但使用不當也只會陷入僵化繁瑣作業，造成各部門間出現「筒倉效應」（形容部門主義作祟名詞），從而失去企業該有的彈性與速度。因此我建議在此，大家不妨優化實務流程的管理重點─也就是**快速即時協同**，若想推動流程管理優化，以下幾個步驟請參考：

（1）先分類關鍵流程（如業務、採購、生管、製造），設定節點來查核標準，接著透過統計數值來進度掌控、主管回饋與修正機制

（2）透過簡單 Google 雲端／ Excel 圖表追蹤，也可撈出公司現有資訊系統資料，製作一個加值型決策分析資訊。

（3）利用數值做為主管與同仁即時雙向溝通的依據，並與培訓與獎懲制度結合。

專案進度管控表

項目		標工天數	實工天數	標工天數	實工天數	標工天數	實工天數	標工天數	實工天數
標準工作天數									
編號	項目	業務		專案經理		RD 設計		外包廠	
專案10801	T-交期 目標	12月1日	12月2日	12月3日	12月5日	12月5日	12月15日	12月15日	12月25日
	T-交期 調整	12月1日	12月2日	12月3日	12月6日	12月7日	12月18日	12月19日	1月5日
	T-交期 差異								
	Q-錯誤數 目標	0.0		0.0		0.0		0.0	
	Q-錯誤數 實績	1.0		0.0		1.0		2.0	
	Q-錯誤數 差異	（1.0）		0.0		（1.0）		（2.0）	
	Q-作業耗損 目標	0.0		0.0		0.0		0.0	
	Q-作業耗損 實績	0.0		0.0		2.0		0.0	
	Q-作業耗損 差異	0.0		0.0		（2.0）		0.0	
	C-工時 目標		20.00		140.00		60.00		
	C-工時 實績		20.00		150.00		70.00		
	C-工時 差異	0.00		（10.00）		（10.00）		0.00	
	說明			1.工時-加班過多		1.工時-假日出差		1.外包商交期 2.良率問題	

1. 交期：由專案經理或 QA 填寫，每工站交互下一站時須相互簽收。
2. 錯誤率，耗耗損須由專案經理或 QA 填寫。
3. 工時：由專案經理或人事填寫。

4. 損益部分：由專案經理或會計算。
5. 獎金計算二選一，
　　（1）控制營收 35% 毛利為基準，有超出 35% 部分，當為專案績效獎金…
　　（2）節省工時成本為獎金分配。

6. 專案績效獎金：PM 得 1/3，另 2/3 由績效評估分配給本專案同仁，同仁績效另定評估表。

（4）將技術數值化、文字影音化，方才不會被老員工技術綁架！
　　　日後退休或離職員工在業務交接、技術傳承才不致遺漏。

第三維度：心態的建立

　　首先，建立領導風範，透過主管傳遞心態與文化。如何善用簡單領導模式，我通常會建議以下三頂帽：權威之帽、老師之帽、教練之帽。權威之帽要做到有效派遣工作，賞罰分明，紀律嚴明；老師之帽則是要像老師一樣教導同仁，提供專業引導並栽培人才，最後才能激勵員工作動機，善用溝通啟發員工！最後則是教練之帽，一種啟發工作動機、引導同仁的影響力。

　　美國數位影音平台網飛公司（Netflix）CEO 對人才培訓發表看法，他認為，最吸引優秀員工的不只是薪酬福利而是工作本身，以及他們能否跟同樣優秀的人一起共事，重視自由與職責。如果沒有這些誘因，即使你提供再優厚的薪酬、股票紅利，他們最終還是會離開⋯⋯。最好的培訓是提供員工富有挑戰性的工作任務，讓員工在實際工作中學習成長，打造高績效的企業文化，確保公司營運高績效。畢竟有了高績效，自可吸引最優秀的人才，以及挽留住那些最優秀的員工。附帶提醒一句，進行即時評估和反饋來做為績效管理的憑據，並且鼓勵大家不定期地進行反饋。

　　如何簡易提供主管領導能力，並能與同仁共同解決問題，進而帶動同仁們學習協調、討論決策，這才是槓桿勝點！

　　公司需要何種心態—在行銷、會議、活動、績效面談、培訓等各項活動上均可引導部屬發問，鼓勵大家可在與客戶協調後提出合理的處理方案，而非時時說教，如何引導員工們參與討論，凝聚共識與議定行動方案，這正議企業主們必須思考的大哉問。

　　其實，只要大膽跨出一步嘗試，透過「三維度管理」確實可看到預期效果！企業想提升營收、生產效能？有效留住人才？或是期許自己個人創業能夠成功？解決人際關係的困擾？甚至是運動減肥等……，這都是我們期待但往往只有少數人可以達成的理想，大多數人與組織都還只停留在想卻不做當中！即使如此，我們還是期許自己能夠當那群少數人吧！

槓桿在哪裡？

09

1. 三維度管理：績效、流程、心態
2. 態度影響思維；思維影響行為

啟動「清單管理」模式，
降低失誤率

什麼叫做「清單」？一般可稱為 checklist，是我們常在工作管理或專案管理上使用的一個查核、防呆檢核表。畢竟當事情愈來愈複雜，人腦可能會失誤當機時，建議一個備忘清單，實有其必要性啊。

筆者有客戶從事營造工程業，這位營造工程的老闆說，他們公司最核心的人物不是老闆而是工地主任。老闆開玩笑說：「老闆失蹤沒關係，但工地主任不在就會出大事！」因為工地主任在監管營造工程案場時，每天面對協調太多事，例如今天進來幾位營造工人？預期進度？建材與耗材的進出管理，面對環保、工務單位、安全衛生單位各項檢查等，甚至連臨時出現的突發狀況，都得一手包辦。

　　如果工地主任管理不當，馬上會造成人員、機械、原料等浪費耗損或停工損失，也會造成整個工期延宕，所以這個工地主任每天必須面對的業主、設計師、公務人員、基層勞工、社群民眾等，接觸層面大且差異高也複雜，一不小心就會掛一漏萬，一旦出現在某

個重要環節，風險便瞬升高。此外，營造業除了找尋有經驗的「工地主任經驗」，還要一個好的「工程進度管理清單」，這樣一來，便可發揮得淋漓盡致。

另外像是醫療院所，如果你曾有過手術開刀或其他侵入性醫療行為的經驗，或是觀察醫院配藥程序，你都可以看到一份書面清單，醫病雙方都會要求彼此覆誦，藉以強化資訊的正確性。主要的目的就是怕人為疏忽，畢竟造成醫療糾紛是很危險的。例如醫院的醫生做病人做插管治療，對醫生而言雖是一個簡單動作，大家多半都會依照經驗處理，但國際專業醫療調查報告便曾警告，與過去院所發生個案相比，這項醫療行為其實最容易造成病人細菌感染延誤病情，但如果依序完成作業清單等幾項工作便可有效降低細菌感染，但護理人員往往也不敢對醫生提出這些要求，某一知名醫療機構院長強勢要求，堅持要求護理人員與醫生徹底執行，落實雙重保障，護理人員更有權制止醫生不依程序的行為，主要目的就是啟動防呆機制，讓作業更安全有保障。

其他企業中同樣許多的工作都專業的分工，沒辦法就所謂的是一個人過去經驗能夠 hold 住整個場面，比如公司的研發團隊，畢竟開發新產品是不簡單的任務，專案經理（Project Manager）的角色這時益發顯得重要。先由產品經理（Product Manager）需要了解市場需求，再經研發單位整合市場研究調查結果，提出技術面提案，並與相關單位如財務單位進行投資支出分析，再與生產單位進

行小量的投產模擬，以及品保單位不斷測試、採購材料配合，最後再請業務團隊做市調的測試反應後，方才得以進入所謂的量產。

　　事實上，你會發現這樣的工作是多元且複雜的，加上成功研發新品是非常不容易的事，專案經理除了具備專業技術以外，更重要得是協調整合角色，這樣一來，工作清單更加顯得重要。

　　當你無法簡單說明一件事情，這表示你並未徹底了解這件事。

　　我們其實常常犯錯，曾有專家調查表示，每位員工每天平均會犯上三至五次錯誤，這個容誤率分別落在專業知識性及規律性兩大類工作上，一般企業容易去做規律性清單，但專業知識性工作比較難設計成清單，比如管理決策錯誤、設計開發產品方向偏移、與同仁或客戶溝通失言、會議錯誤引導等，所以許多人表示，屬於知識性與管理性工作較難控制品質，原因在於少了標準化作業流程，故而在這方面特別需要組織，藉此強化個案的明確紀錄，盡量拆解工作步驟並建立清單，尤其針對特別容易犯錯或疏忽的關鍵點，順帶做個提醒與 Alarm 步驟，例如主管管理總是多元且複雜，公司於是提供主管一個可以簡單紀錄績效與面談管理的輔助工具，每月至少與同仁個別進行一次的面談，議程分別：

● 先由同仁自我說明：本月目標達成狀況、各項執行方案關鍵成果進展（達成率儘量量化，若不能量化具體需報告時間點與產出現況說明。）

● 由主管提問與確認內容，本部門目前關注重點為何？

● 引導同仁對工作提出建議？

● 由主管給予同仁執行狀況的回饋，表現優異則讚美，表現欠佳者則需提出具體說明與建議。

● 由主管提出結論與後續追蹤重點。

　　這家公司把主管經常遺忘或不知如何與同仁面談績效的工作，做成一個五點查核表，請主管盡量依序進行，不可省略不做，因為這是公司找到最佳且有效面談的步驟，即使溝通能力不好，至少可明確進行預期管理效果。關鍵是簡單步驟、清楚明確表達重點，把多元繁瑣的管理行動清單化！

　　至於規律性清單建立則較為容易，比如我們要推動現場生產主管自主品檢落實，建立一份簡單查核清單，製作可以打個 V，或透過資訊化系統掃條碼、按鍵等，在儀表板上可以看到各單位主管執行落實程度，並請品管單位審閱。另外，人事招募、離退等工作繁瑣且細節很多，雖是規律性流程，但若遺漏一些程序，是很容易造成勞資糾紛的，所以建立作業清單，可以定期抽查大家是否認真執行工作或敷衍了事，最後再結合獎懲方案，肯定就能看到一些實際成效。

　　至於個人則可透過簡單計分卡模式，以資訊圖型呈現，讓看板視覺化，強調簡單易懂，如每天都要做，那就盡量控制在 3 ～ 5 分鐘內完成，若是每周都要做，則盡可能在 10 ～ 30 分鐘內完成，

不要讓同仁流於形式或浪費太多時間做資料，同時做到眼見有感為佳，讓大家藉以自我調整與修正。

虛實整合第一階段開發 清單 (CHECKLIST)

標題	負責人	OKR ～ Q3
		項目
O1		9/16 完成編程作業及交付需求端
KR1 ～ 1	ERIC	8/26 完成系統數據儲存 API
KR1 ～ 2	ERIC	9/12 前完成登入驗證流程相關 API
KR1 ～ 3	Adam	完成釋出 Beta1.0
KR1 ～ 4	業務確認	8/26 業務 test 需求＆環境檢測 modal
KR1 ～ 5	業務確認	9/9 完成修正調整 checklist
KR1 ～ 6	業務 test	9/16 phototype 試運營 100 次 , 客人ˇ家
KR1 ～ 7	ERIC	9/16 交付前、中、後 API
KR1 ～ 8	Alvin	8/26 教學影片完成與測試 Beta2.0
KR1 ～ 9	Alvin	9/2 成品產出 , 生產確認
KR1 ～ 10	Alvin	9/16 送出與回饋統計

最後提醒別忘了與薪酬獎懲結合，畢竟「不獎不懲，專案不成；無賞無罰，誰會關心？」從過程中讓同仁學習「執行中思考」才是最重要的部分。

8月 W4（26～30）				9月 W1（時間日期）			
自評 （目標）	主管 （實績）	進度 百分比	建議 方案	自評 （目標）	主管 （實績）	進度 百分比	建議 方案
1	1	100%	提前 完成				
1	0.7						
0.5	0.5						
1	1						
0.7	0.5						

規則性清單範本 ~ 人事招募離退清單

S	工作要項	負責	對應表單與文件	備註
A 招募	□用人條件／JD □各單位提出需求表 □人力平台登入作業 □電話邀約及安排面試	人事 部門 人事 人事	A1～1 職務說明書（JD） A2～1 人力需求單 A4～1 面試行事曆	
B 面試	□填寫履歷 □HR 先行初試 □單位主管複試 □寄發任用通知	人事 人事 部門 人事	B1～1 履歷表 B2～1面試記錄評分表（HR） 面試記錄評分（單位主管） B3～1 任用通知單	
C 報到	□填寫員工資料 □勞動契約 □繳交相關文件 　（身分證、帳戶等） □職前訓練~公司介紹 □加保作業	人事	C1～1 員工資料表 C2～1 勞動契約 C3～1 公司簡介 PPT 或影音 C3～2 簡易版工作規則 C3～3 員工手冊	
D 試用	□定期員工關懷（每月） 　>周呈執副 □異常通報>單位主管 □定期試用測驗 □試用調薪或試用不合	人事 主管 人事 主管	D1～1 員工關懷記錄表 D1～2 新人異常通知單 D1～3 測閱卷、成績統計	
E 離職	□離職申請 > 送人事 □離職面談 □業務交接完成 □法令因應與報備作業	部門 部門 部門 人資	E1～1 離職申請單 E3～1 業務交接清單 E4～1 各項法令申報作業	

槓桿在哪裡？

10

1. 透過清單，降低複雜工序與人為錯誤率。
2. 「清單」必須簡單有順序且明確、執行上更得符合人性化操作。

提升績效—
該選 KPI 或 OKR ？

沒有最好的策略力，只有最好的修正力。

所有目標都是一種假設，重點是過程中必須不斷修正，以及邀請一位好的教練陪同。

筆者發現公司經營管理模式也會隨著時代改變，不斷調整管理模式，從早期精實管理、PDCA（計畫→執行→查核→再行動）、策略管理、KPI，到現在 OKR 等各項管理工具，就好像 Apple 手機一樣，從 iPhone 手機迭代到現在 iPhone12 問世，到底為何改變？還不就是一支手機嗎？我們若從功能面來說，基本通訊、照相等基本功能以外，業者增加許多更高品質的效能、記憶體與電池效能與附加效益等、讓消費者願意花錢與時間去換手機。當然，最後還有一個原因—那就是消費者**喜新厭舊的心理與同儕間的影響**。

有人問我，為什麼要改變管理模式？畢竟每個管理模組都很像，花時間與預算去優化管理模式到底靠不靠譜？其實，企業經營模式改變，員工價值觀也在改變，員工一旦將現行模式習以為常

了，作業上便會流於形式，以應付了事的態度應對公司。這時，若導入一個新的管理方式，**既可讓同仁再度練習，更能激化對工作的熱誠**。這其實與消費者心理是一樣的。

只是隨著時代改變，必須調整管理工具以因應外在變化。台灣企業這十年以來，常用 KPI 這個耳熟能詳的管理工具，雖然看到激勵效果，但也深受扭曲的績效觀念所害。隨著價值觀與商業模式劇烈變化，KPI 對標準與固定性工作或許很適合，但主管、研發、企劃管理等管理模式，或在某些產業中，KPI 似乎已不能再與時俱進了……！

目前，OKR 這個話題已在許多企業中開始被廣泛討論與認識，但因為普及率不高，往往僅限於從書籍取得資訊或上了幾門公開講座後，大家便自以為可以上手執行了。然而卻在執行過程中產生一些問題與疑惑，同時發現許多執行上的困擾與盲點，最後導致片面認為 OKR 是無效且無法衡量績效的管理工具。

簡單來說，你跑百米時，目標是 15 秒，但終點站有位教練計量結果是 15 ～ 16 秒，那我認為他只是一位記錄員，只是給你一個紀錄而已，對你幫助有限。但另一位教練不只幫你量測速度與秒數，更會提供你如何修正跑步方法，這可能是自己練習的盲點卻不自知，甚至幫你修正跑步姿勢與練習方法，之後，你經過一次次的訓練測試與調整缺點，成績日有進步，而這就是 OKR 精神。

運動員善用 OKR

KPI ～運動表與碼表器

KPI	方案	月	1	2	3	4	5	6
6 個月	1. 晨跑 8000	T	19	17	15	13	12	11
11 秒	2. 七點豐盛早餐 3. 每天下午健身房 2H	R	19	20	?			
	4. …………………	%	100%	85%				

OKR ～健康管理手冊 + 教練日記

O	KR	月	1	2	3	4	5	6
6 個月	A. 百米練習 30 分，保持月目標	A	0.7	0.3	1.0	0.7	0.3	
11 秒	B. 早餐運動員套餐	B	1.0	1.0	1.0	0.7（調）		
目前目標 80%	C. 健身房重力訓練 90KG	C	0.3	0.5	0.7	1.0		
月溝通修正 KR	D. 每天正念抗壓 30 分／深層睡眠 2.5H 以上	D	0.7	0.7	1.0	1.0		

　　筆者認識某位台灣製作球鞋的企業家第二代，他在十幾年前便前往非洲設廠。很多人都認為非洲的代工廠不好管理與經營，因為考慮交通與經濟效率，改為選擇設廠在大陸或東南亞等地。而這位二代企業家回憶自己當初決定前往非洲設廠，過程中其實還遭遇過棘手的問題。

　　記得自己剛接棒不到一個月的時候，非洲這個代工廠就丟給他一個很嚴重的考題：當時的代工廠老闆表示希望他買下工廠，並要求在當天下班前給個答覆。因為工廠老闆資金周轉不靈，沒有辦法

付員工薪資，若買下工廠，你就變成老闆，解決了對方的資金周轉困難。而業主先前給他的訂單也可如期完工。對方一再恐嚇：如果你覺得不值得而不買，那我接下來可能就是「跑路」了，現在訂單難再如期出貨給貴公司，先前訂金也將無法退回。

這位新任總經理面對這個難題心急如焚，也不敢做決定，所以請老董事長再度召開緊急會議，給他意見來處理這個棘手問題，後來老董緊急召開會議，短短 30 分鐘，最後做出一個決策，各位猜猜看最後結果是什麼？

最後決定不買？當然是「買」！

因為若不買，那就沒有我接下來要聊的的故事，所以最後他當時的決定還是買下那非洲代工廠，這個總經理將決議事項告知那位非洲廠廠長。接手這十幾年的光景到現在，結果是如何呢？在非洲，這家的工廠做的有聲有色，比原先更大更有制度。後來經媒體新聞的記者，採訪這位年輕總經理，問道：「您當時倒底是如何想出這麼一個有智慧的決策呢？」

這位總經理靦腆回答，「這十年以來，我們也沒有什麼談不上策略，只是當下不得不做決定的一個事實，只是運氣不錯吧。而且剛剛買下來的說，甚至還有一點後悔！」因為發現有接手後很多問題不斷發生，但是他們不斷地去做修正、調整、再修正、再調整最

後跑到了今天。給大家分享一種很重要一句話：「**沒有最好的策略力，只有最好的修正力。**」

是否有管理工具能夠協助企業不斷面對目標與進度，幫助我們不斷地滾動前進？我想那就是最好的管理策略。而我在協助企業經營管理上經常遇到以下幾個問題：

（1）老闆陷入策略思考層面，主管們無法拆解任務給同仁，且未落實持續追蹤、溝通及修正。

（2）只看最後結果，財務指標最終結果論斷，忽略檢討原因在哪裡？後續思考如何不斷修正，才能達成目的！

（3）主管與同仁要持續對話，影響對方思考及行為，建立團隊的共同價值。

我由衷感覺「學到」不代表「做到」，許多公司鼓勵主管們去上管理能力課程，這些知識有時很難轉換到工作現場上，這時若能搭配適合自己的管理工具，不論 KPI 或 OKR 都好，我想這就是歷練主管們管理領導力的好機會，遇到困難與挑戰並且解決它，這就是我們最大的收穫。

槓桿在哪裡？

11

所有目標都是一種假設，重點是過程中需要不斷修正，以及一位好
教練陪同。

資產變負債，
企業也有「三高」危機？

企業面對人事壓力，通常會有以下三種負擔，那就是「高薪、高齡、高年資」。

最近一位客戶，身為某家企業的副總，屆齡 55 歲左右，是一位專業幹練有效率的經理人才，應是中大企業眼中最好的的高管人才，但最近私底下卻打電話給我，表示老闆認為今年疫情後公司營運績效不佳，私下開始對他小動作頻頻，除了刁難工作，並將過去公司的陳年爛帳搬出來，指責他處理不當，目的似乎很明顯，就是要他知難而退。

他在公司已有二十年之久，甚至還跨 94 年勞基法新舊年資轉換議題，領退退休金或資遣費選擇，如果自請離職心有不甘，總覺得有鳥盡弓藏、兔死狗烹的遺憾。加上去年還替老闆處理幾位高階主管資遣事件，自己深感現實……。他問我如何保全自身權利，避免陷入一些不利自己的窠臼中，加上自己面臨高薪與就業高齡階段，未來若換工作，結果恐不易。

　　同時也有另外一家傳產老闆，從父親手中接下總經理職務，面對一個舊包袱很重的企業，雖然擁有關鍵研發技術與資訊電腦高學歷背景，但在面對公司幾位資深主管及關鍵技術資深師傅面前，卻令他頭痛不已。他優先運用數據資訊化導入，專業推動公司轉型與國際化，但投入資金後，短期尚無法看到成果，這些資歷深厚的老臣們各個似乎都在等著看好戲，而自己強勢溝通方式也常碰壁，有時連老董事長都會有些不能接受……。

　　這位年輕企業主與資深同仁價值觀差異大，經營管理概念不一致，資深同仁常會拿他與老董事長的經營風格做比較，即使現行少東主風格清新，但大多數員工還是數落少東主者為多。資深同仁常以老經驗口吻，認為少東年輕氣盛，不夠務實，遑論是維護自我權益，只要不想改變就拿出倚老賣老心態，擺出防禦性態度來抵制少東主。這時，少東主心中自然有芥蒂，想要找機會把這些絆腳石一一排除。

　　上述兩個例子，不論從同仁與雇主的角度來看，其實都有屬於自己的故事與委屈，也許外在環境逼迫他們不得不面對這種選擇，但某些關鍵點仍在對方手上，不敢輕易做出決定，即使雙方共事不愉快，也是消極面對對方及保持距離。

　　但長此以往，真的不會影響公事嗎？雙方直球對決又何妨？只是一直期待對方願意自動離開，或期待對方提出更好的方案，雙方

就是不願意說破，何苦來哉？彼此一旦有這種預設心態，往往便會影響思維，思維進而影響接下來的行為，這對組織與個人來說都是窘境。

如何站在客觀第三方去克服這個問題？其實是一門高深學問。

理性面─定期人力與職務盤點

企業面對外在環境影響，營收可能受影響，這時，成本掌控就是重點，管銷費用中的人事費用往往首當其衝，老闆接下來可能就會因為心裡已有名單，這是他每天觀察而來，不論客觀或主觀，他都需要一份專業「工作與人力盤點」來協助他：

1 **工作職務是對「事」盤點。**比如組織架構設計是否合理？是否出現疊床架屋的現象？先從工作合理性做評估，明明三個職務只需二個人力就可以，公司這時是否要重新設計成兩個職務即可。

2 **查核營業獲利狀況。**例如企業營收因為景氣大幅銳減，人事成本常佔固定營收的一定比例，如今侵蝕公司獲利比例，是要從那些職務開始精簡起？切勿未減了「肥肉」，卻傷了「瘦肉」。

評分標準參考		
項目	工作表現說明	分數
不易替代性	工作本身專業特殊度高，或市場上同性質之職務少，1～2年內難培訓與找到人員勝任該職務。	5
	工作本身專業度熟練，但市場上同性質之職務少，培訓與招募較難找到替代人選。	4
	工作本身需具備相當專業程度，但市場上同性質之職務少，公司內部份同仁可勝任。	3
	工作本身僅需具備基本專業知識，且市場上同性質之職務多，公司內部大多數同仁均可勝任。	2
	工作本身專業性極低，或市場上同性質之職務多，公司其他同仁能於短期內勝任該職務。	1
問題分析解決	預測分析能力，策略思考可前瞻性思維，並有極佳問題解決能力。	5
	常有很好建議方案，提案思考可行度高，分析解決能力因應具備。	4
	數字分析比較，基本問題解決能力。	3
	資料整理與文件管理尚可，可提供他人問題解決分析參考。	2
	相關能力薄弱。	1
執行力	可針對執行可掌握進度與成果，過程中有不斷修正、優化能力，精益求精。	5
	可明確抓出執行重點，擁有不斷修正的良好態度與方法。	4
	可把執行中的過程進度回饋主管，完成自己的基本任務。	3
	完成任務的狀況不穩定，執行認真與投入度略嫌不足。	2

③ **從公司組織運作，先從控制管銷成本開始。** 如公司廣宣費用過高或出差費用不當，是否可提出一些方法因應，還是找出好的獲利模式，降低一些廣告支出及出差費用，另外透過網路廣宣、遠距會議來因應？

④ **人才盤點是對「員工能力」的評估。** 員工能力是否到位？能力可分 K、S、A 三大項，分別解釋為專業（Knowledge）、技能（Skill）、態度（Attitude），組織可運用計量方式，結合幾位相關評估主管或專業人員，給予評分，並將其他一些關鍵因素，如出勤率、績效評估成績等加入，讓評估客觀性更高一些。但這方面我建議要請專業人員指導後再推動才會更完整、也就是先建立盤點評分標準範本，之後再建立評分分析表。

感性面—建立坦誠領導文化

　　幾乎有八成主管都有共同的無奈，許多專業推動常在組織內被扭曲，同仁必須放棄感性層面，理性面對問題。有人說的好：「管理是科學，領導是藝術」。主管如一昧依照專業與數據標準走，只會造成制度僵化，無法驅動人才在工作時投入更多動機，流程變得防弊，行政作業變得瑣碎，這時就會讓人才開始往虛偽與組織政治運作態度走……

　　解決這個弊病的最好方法就是，經營者與主管們必須建立簡

單且坦誠的領導文化，一切以服務顧客為最高價值與依歸，兼顧員工與社會價值。我們不是陳義過高，只是每個人所站的角度都不一樣，需要一個本質來做為處理議題的準則，否則只會淪入瞻前顧後，進退兩難。建立真誠領導文化，並非一蹴可成，善用溝通方式，比如公司會議、尾牙活動、設定公司年度目標時、內部網站、招募面談、績效面談、訓練福利活動等企業。這些方式在過去比較屬於單向思維，可讓上情下達，讓內外更能即時且有效地解決問題並且交換意見。

外界環境變化劇烈，面對一些過去功臣如今變成組織負擔時，高層也許不得已，若單靠數據績效導向來硬著陸，短期也許能看到效果，但後座力衝擊可能很強，得不償失。若能透過理性與感性兼具的作法，營造企業坦誠氣氛，以同理心與兩平角度去處理人才安置的問題，這才是管理層更需面對的課題！

槓桿在哪裡？

12

當同仁由過去資產變成今日負債時，建議以同理心與兩平角色看待；建議做法是：

1. 理性面：定期盤點人力與職務內容
2. 感性面：建立坦誠的領導文化

目標是「果」，方法是「因」，修正是「轉」

「勿以善小而不為，勿以惡小而為之」。

我們不僅要有目標方向，更要不斷尋找問題癥結點，進而改善或優化流程。從「果」中得到一些思考，進而找到「因」，最後再去修正執行「轉」，這樣才是正道。

有句話說得好：「聖人畏因，凡人畏果」，聖人畏因，因為平日種下一些不好小錯誤或壞念頭，這時若不處理與解決，反而替自己的未來製造一個更嚴重結果。反之若平日累積正向的工作態度，凡事精益求精，如今或許不是好結果，但未來肯定還是會有好成果。記得三國時代劉備臨終時曾留下遺言規勸劉禪：「勿以善小而不為，勿以惡小而為之」。我們不僅要有目標方向，更重要是不斷找到問題關鍵原因，進而改善或優化之。若從「果」中得到一些思考，進而找到一些因，最後再轉型去修正執行，這就是正確的思考模式。

過程與成果，孰輕孰重？

南部一家販賣化工業原料的企業老闆，曾邀我參與他的新品上市三個月後的成果展，當天熱鬧非凡，第三代新產品不到上市三個後，整合訂單不斷滿載到年底，看出企業投入研發創新格局企圖，當天除了老闆與董事群開慶功宴，甚至還發紅利鼓勵剛上任不到半年的研發主管！

這位老闆在中午忙碌之餘，私下找我單獨聊了一下，開心之餘突然有些落寞，表示今天雖是籌辦慶功會，自己也受到董事會讚許，並誇獎他知人善用，讓產品快速上市成功！但想到這個產品發想與過程努力，是先前離職前任研發主管花了一年半努力而來，但很多人忽略了這一段過程，讓他不免黯然……。當時由於董事會對前任主管花了公司蠻多研發費用卻看不到成果，最後期待他自請離職，老闆事後後悔沒有留他，畢竟若沒有他的認真控管進度與整合資源，把每個階段查核點文件與流程保存完整，這位新主管很幸運地延續過去的文件記錄，少走許多彎路，快速轉化產品成功上市所以，這當中究竟誰的貢獻度比較大呢？

若用成敗論英雄，他不得不同意新任主管功勞，但這也是一般人只在乎「果」的原因，如果每件事只要求結果，也許運氣不好就會被殺雞取卵，看不到預期成效。

　　另外有一家科技公司總經理則如同一般經營者一樣，總將重心放在業務與研發，有一天他突然問我，如何提升後勤單位的績效？他也同意管理工作若做好，的確有助於第一線單位運營順利，但是行政管理工作很難看到量化結果，過程中又難去觀測同仁的表現優劣，每年的年底績效考核讓他著實痛苦……。比如他的會計主管都會定期提出相關報表給他過目，這讓他變得很忙碌，看到一堆文件與數字，也不知該從何看起？只覺得會計主管工作很認真，基於尊重與信任，也沒有去核對報表的詳細資料，但總是覺得少了一些什麼……？

　　我安排一次總經理與這位主管工作對談，也期待總經理提出需求，期待會計單位能夠解決他的難題。總經理率先表示說：「如果你在厚厚的報表後面能夠加做一張加值的關鍵圖表或圖形比較分析，那就更加有料。」一個月後，報表內便加入了一份用 Excel 製作的報表分析，企業主能夠從中看到一些關鍵財會數字，老總非常開心並給予讚美。接下來，我引導會計主管是否還覺得還有哪些可再提升數據品質？這時，會計主管馬上有備而來地回答我；「我下次可再加一些建議給老闆看看」

　　我說；「太棒了，如有些再有從數據可提出一些預測，會讓這工作品質更高！」這雖是一個行政管理的工作，但從資料→分析→建議→預測，只要在過程中做對的事，便不怕沒有好結果發生。

提高行政管理效能

　　以上這兩個案例讓我們重新思考，若我們關心結果，那平時便應多關注自己投入了什麼？過程中又該調整什麼？這些點點滴滴的累積，才是協助我們往理想目標前進的動力。

	研發新產品專案	會計部文件數據優化
果	新產品策略二代產品上市 2020,12.30，Q3 進度達成率 60%（目前落後現象）。	1. 文件數據化繁為簡，目前不足。 2. 強化管理會計功能，指導各部門成本會計觀念。
因	1. 產品小量試產發生異常率過高。 2. 業務針對客戶 Beta 版測試，回饋不多。	1. 目前僅財務性報表，各部門主管成本觀念差，成本增加率過高。 2. 目前尚設相同分析報表
轉	1. 改善材料與配方，由採購與品保單位全力配合解決於 10 月份。 2. 業務單位於 10/30 前完成客戶測試報告。	1. 預計 6 個月內導入管理會計系統，並設計 10 大管理指標，並圖形化產出，並教導部門主管閱讀與分析。

　　筆者試著將上述兩個個案，運用「果、因、轉」方式整理，大家可參看以下頁表格：

　　不用太複雜的管理理論，只需透過簡單的邏輯觀念，讓每位同仁都能善用，自然讓公司內部溝通更加一致，讓老闆不要被「結果」綁架所有思維，應該循著「原因」去思考，最後再加上一些傻勁去修正與執行，自可讓企業運作更順暢。

槓桿在哪裡？

13

1. 聖人畏因，凡人畏果！
2. 目標是果，方法是因，修正是轉。

數位轉型必須合理化，
否則恐遭資訊綁架！

AI（人工智慧）、電商、雲端、IOT（物聯網）等關鍵趨勢話，在這個時代下，無論各行各業都能朗朗上口，說上幾句……，但大家是否真的了解這些專業？雖說不論個人或企業均會與其沾上邊，瞭解趨勢是好事，但真的面對與導入這些資訊工具或方法時，還請務必更務實看待之。

在此容我先利用金庸武俠小說《倚天屠龍記》一書中，最驚心動魄的場景還跟大家溝通。我想，大多數讀者若看過此書，一般都會想起「六大門派圍攻光明頂」這一幕……。書中主角張無忌當時神功初成，習得「九陽神功」和「乾坤大挪移」心法，這段小說場景可能是所有金庸武俠迷都耳熟能詳的內容。

而我對這段故事的解讀是：

各大門派長老都有絕世武功，但可惜都有些年紀了，從山腳下爬到山頂可能已耗盡了一大半體力，但涉世未深的張無忌「正確

態度」、「年輕體力」加上「神功」初成，自然可與各大資深前輩大戰數回合。而這神功就好像這些資訊化科技導入，讓產業轉型成功，縮短學習曲線一般，可讓一些老舊傳統且不再進步的企業出局，這時如有懂得善用資訊化的企業加入戰局，老前輩也有神功護體，得以輕鬆登上「光明頂」與張無忌一戰，試想，結局或許也會不一樣了。

大家同意我的看法嗎？

我再舉一個較實際的例子⋯⋯

先前約訪一位南部屏東親友經營養雞場，體驗當了一天雞農的感覺。炎熱夏天暑熱難熬，雞農沒有冷氣可吹，但雞舍內竟有電扇是給雞隻們吹的，甚至還有半自動餵食系統幫忙餵食，雞農們只需定點巡視雞場，頂多擔心發生雞瘟或傳染病，或是有蛇偷吃雞群⋯⋯，基本上沒什麼農活可忙！

中午在戶外涼亭用餐時，我很習慣性問雞舍老闆一些商業問題。後來了解他們主要替一些大型經銷公司做雞農代養，從小雞到成雞長大交付，約需80～100成長天數，一年約可有3～4個循環，一個循環大約10萬隻雞，市價約300～600元不等，應該有10%利潤吧？

他搖頭表示，代養費不高，僅十幾塊錢元而已，但雞隻飼料與運送都由公司提供，他們就像製造業 OEM（代工）角色，他也不願接更高價錢，因為外加飼料與人員等成本，可能更多資金周轉與管理更複雜，只是喜歡單純南台灣生活，每天做好例行工作即可。

但我不死心，繼續追問他為何不願投入一些可接受成本，現在許多農牧業與農業，導入自動資訊化與 5G 通訊，透過資訊化管理，少量人力便可做完更多繁瑣工作，對異常風險管理也能即時掌握。

他的養雞技術很專業，品質也很穩定，廠商也希望他能多接一些量，或多些利潤給他，但他對資訊化就不熟，擔心投資回報率的問題，因為也看到同業花了不少資訊成本，最後還是用傳統人工作業，我想他的考慮自也有道理，但花些時間透過內部作業流程重新整理，建立基本標準作業，最後去找出困擾與問題癥結哪？現在透過資訊軟體導入，及租賃雲端資料庫，可以減少硬體投資，甚至可整合一些同業策略聯盟分攤費用，共享相關資訊化資源。他聽到很高興有者這麼一個轉型機會，我們也約下一次交流與後續協助。

另外一家客戶是知名女性內衣廠商，幾年前公司發現競爭對手皆開始進行資訊化導入，他認為支出費用高，不符合投報率，但發現自己當時沒有即時投入，今日很快落後同業，喪失競爭優勢。由於公司這時已不得不面對這個投資案，故而一口氣投入大量資金，全面導入流程資訊化與 ERP，甚至採用知名國際知名 Oracle 系統

商，期待製造效率與擴大業務行銷。但簽約導入系統後發現，預估時間比預期更長，進行中更發現許多提案，當時未考慮清楚，如今必須改變需求，變成是大工程一樁。再加上許多舊資料匯入新系統時出現格式化困擾，業主這才發現問題還真多，當時實在是少了內部溝通，如今造成同仁們使用上的心理負擔與反彈，這看來還不是花錢購入 IT 資訊化就能解決的問題啊。

資訊化之前，必須先合理化

從以上案例可以看到合理化工作的模式，以下四件事便可說明清楚，分別是「專業」、「流程」、「文件」、「溝通」這四個面向。

1 **專業**：導入系統前要先了解該產業的專業知識，比如從研發過程中需要一些「專業技術」，比如現行公司運用「敏捷式專案管理」（Agile），這些又是什麼？畢竟很多人都不懂啊；另外，我們運用專業資訊化，這是採用何種程式語言開發？未來可否透過雲端租賃模式？使用網路與 App 雙管齊下時，是否可以進行大數據分析功能？

2 **流程**：我們從業務接單到研發設計，採購與品管何時要加入流程，生產試產與量產時程安排，財務與人力單位如何協同……，這些流程都需要具備一致性。若沒考慮周全，就會遭

遇執行異常。

3 **文件**：過程中需要填寫那些資料？預計產出多少數據、報表與文件？比如設計一個某位同仁每天需花 30 分鐘填寫的表單，我覺得就很糟糕，因為我個人認為任何一個表單每天若需花超過 10 分鐘填寫，那就會流於形式或不能持續作業，這是人的生理本能，建議是否簡化內容與步驟或運用手機 QR code，感應器等來掃描方式，反而較簡單。

4 **溝通**：與同仁或關鍵對象做事前溝通說明，為什麼要做這種改變，激發同仁動機與參與感，而不是最後同事只要配合。事前務必要求幹部主管與相關同仁一定要參與，避免低估現場想法，執行後更要提供意見，才能順利推動。

網路時代已來臨，從電商網路是否真正順利賺取合理利潤便可知道，失敗案例還是很多。商家們除了反映資訊化尚未通順，大多是事前沒想通自己的商業模式，生意不賺錢，投入再多網路行銷人員，花錢買廣告也沒用─網站只是吸引許多人氣與瀏覽量，看似很好效果，但流量導進來，沒辦法產品的轉換率，是無法讓生意持續下去的。

當你好不容易有了對的想法，但卻還是常犯一個毛病，就是用自己過去的經驗去走新路線─企業已然數位轉型，投入成本優化

資訊與人才，但卻忽略新的商業思惟改變，更需要善用外部合作夥伴，明白如何斷、捨、離退場機制，這正是數位轉型應該導入資訊化最重要的議題。

最近與讀資管的兒子一同研究自己家中「智能家庭」實驗，透過平板電腦、感應器及電器設定，將家中電燈、音響及老人夜間安全照明等全數資訊化，現在用聲控或遠端遙控即可掌握。

雖然 DIY 效果尚可，但也呼應「先合理分析，再運用現代科技」的觀念，在生活上也算得上是「數位轉型」吧！

槓桿在哪裡？

14

第一步：具備清晰的數位轉型思惟，避免被過去的傳統思惟綁架，必要時借重外部專業協助。

第二步：考慮「專業」、「流程」、「文件」、「溝通」這四個構面。

第三步：懂得斷、捨、離與再次修正。

啟動人才價值

績效管理一直是企業主與主管的痛點！

企業主多半習慣使用 KPI 方式來管理，但這是否真得有用？畢竟人才不易找，流動率大，企業要快速提供新進人員容易上手的作業模式，這樣一來即使人才異動，但作業規範還在，新人方才不至於錯失銜接。

此外，人才勞動意識越來越強，針對法定工時，考勤

給假與加班原則等問題，奉勸企業主切勿在這模糊地帶糾結！員工期待簡單易懂的方式，透過數位資訊化，明確回饋在財務與非財務上，不同層次的員工自會有不同因應需求需要被調整。企業務實再重新盤點人力—檢討企業核心人力，如何兼顧長期聘任或承攬外包，一定要有清楚的工作指導與作業手冊。

世界倍速成長，
與人才建立新工作聯盟

所謂「一個人走的快，一群人可以走得遠！」，由於近來網路資訊發達，許多個體戶順勢而生，除了自己接案自己服務以外，運作更顯高效且有彈性。但一人公司的成長性畢竟很有限，聘請員工又有需多固定管銷成本得傷腦筋，加上專業工作者流動率大，管理層面也較為複雜，公司獲利將可能大幅銳減。

承本章前言所述，在台灣有關建築工程與店招廣告等，都需要依政府法規申請證照核可，但法規與作業程序專業且繁瑣，原本有許多個體戶自由工作者，都會與建築師等搭配，但這家專業服務公司，將相關專業程序與相關資源整合，將繁瑣作業流程分解步驟，專業分工，透過資訊系統定點查核管控，如有異常時效時，則可提出 Alarm 提醒功能，讓作業流程迅速且產出品質有效管控！

　　原先小規模作業一旦上軌道，老闆索性成立一個整合服務機構，配合衍生相關室內廣告等設計工作，委外成為一條龍服務專案。此舉反而吸引許多自由工作個體戶加入，有如UBer與個人專駕服務合作模式一般，小兵立大功，透過資訊、網路平台發展，許多行業異軍突起，現行商業模式都開始發生質變。

　　所謂「一個人走的快，一群人可以走得遠！」，由於近來網路資訊發達，許多個體戶順勢而生，除了自己接案自己服務以外，運作更顯高效且有彈性。但一人公司的成長性畢竟很有限，大公司聘請員工又有需多固定管銷成本得傷腦筋，加上專業工作者流動率大，管理層面也較為複雜，公司獲利將可能大幅銳減。也因此，策略合作生態圈商業因此興起。

　　新冠疫情打得大家措手不及，傳統產業與中小企業在今年也面對營收停滯與成本高漲的瓶頸，今年思考商業模式多元化，將流程細分委外或內部混搭派案方式，簡單說就是原先作業系統，改從內部開放變成共享平台模式，設計有時間限制與品質異常提醒功能的運營，加上合作分潤計畫，讓具備企圖心的外部人員擁有一個新的創業基地。內部成立利潤中心並鼓勵員工創業，新工作聯盟因此產生！正所謂「天下久分必合，久合必分」，隨外在變化從善如流，從分分合合中，找到符合趨勢生意似乎並不難！

新工作聯盟來臨

　　網路時代與員工新關係，「**如何找到勞資雙方契合點、利益點**」這是 LinkedIn 聯合創始人雷德‧霍夫曼在《聯盟時代》（The Alliance）這本書分享了重要概念，並且提出「在當下網際網路下，雇員與僱主之間應該建立一種新『**聯盟**』關係。」在網路發達環境下，商業模式改變，人才價值改變，流動率增加，勸大家應該超前部署，思考建立一個聯盟關係。

　　據知名人力資源機構調查報告，在職場上對工作具備認同及投入感者，僅占 8% 的低比例。霍夫曼認為建立聯盟關係就是二個重點：首先是需要價值觀相同的人才，加上老闆坦白說明雙方利益點，如薪酬福利與未來發展等，員工方才會投入工作熱誠。許多企業或許都做得不夠到位，所以讓員工投入感始終不高。

　　職場關係過往總是開心進來，傷心離開，甚至日後與老東家從此不相往來。所以，高科技或外商公司因此建立「離職俱樂部」方式，設計離職後將優秀同仁建立社群，讓離職優秀員工與老東家之間能有更多合作可能性；或再度離職復返機會，或一些未來可推薦人才，拓展商機與合作機會，足可見其創意點與對人才的重視！過去，大家長式家族企業員工模式將越來越不易運作，公司與人才之間必須建立很強聯盟關係，從進入公司到離職後，雙方一定要有清楚的進場與退場機制！

　　大家都知道產品與行銷需要創新，但為何管理思維卻總是守舊，固守傳統不願突破？許多習慣既有模式者常問：「這些制度既然有用，何必要改？」，我們是否也要「**翻轉**管理」？

　　汽車動力靠內燃機動，到現在雖然還是很管用，但其提供的效能確只有 20 ～ 30%，若用來驅動今時標榜多功能的車輛，很快地就會發現功率不足的現象，當大量生產時代已來到數位知識工作時代，許多管理制度已然不符合時代，我們每天在文件上忙碌，卻失去效能，孰不知許多都是協同工作，根本不必重工，浪費時間。甚至是否該少用 Email，改由透過同步雲端通訊工具，隨時需要便可即用，大大減少行政溝通與檔案管理的瑣碎工作。

　　另外，筆者參訪過一家國外廠商，新人尚在新進培訓間，公司便主動提供離職金，或在試用期員工時，徵詢員工是否願意繼續任職，員工反應若動機不強，理念又頻生差異，倒還不如快快自請離職，公司甚至發一筆轉職金給你也行，至少不用相互揣測對方想法，讓事情簡單處理。公司反向操作，反讓新進員工轉正職後更加投入，也讓許多能力或許夠但態度仍在猶豫者，提供早些退出公司的理由！

　　此外，這家公司再出妙招，招募面談決定候選人，不是主管說得算，反而是部門同仁投票表決，藉此改革招募聘流程。另外，績效考核與薪酬脫鉤，強化每季主管績效面談，引導主管與員工商討

如何提高工作績效，更鼓勵大家長期休假提升生產力，藉此讓員工職能大幅提升。

外在環境是什麼氛圍？

「企業」如今陷入兩極化現象，不適應外在景氣衝擊，業績與獲利都往下沉淪！再不然就是業績雖好，但部門就是缺人或應徵不到真正合適的專業人才，很難落實公司未來的成長布局！另外，在許多轉型新經濟模式的企業中，真正缺乏的是專業的實戰人才，公司若能多花心思在招聘人才上，自然能從眾多企業裡脫穎而出，拉開競業的競爭距離！

同時，企業「人才」也呈現兩極化趨勢，一半是充滿戰鬥力，不斷成長學習，另一半則是無法吃苦，或學經歷不合企業需求，大家不是坐困愁城，就是只曉得吃喝玩樂，整日沉迷在嬉戲或自怨自艾中！

這個關鍵時刻最需要──轉型創新、新工作模式！

外在環境如達爾文物競天擇概念，許多不合時宜的企業或個人將被淘汰！ 企業在歷經工業革命後大量製造機器與設備，走向標準化生產時代，崇尚權威式管理，變化或許較緩慢，然其商業模式

尚可支撐十年以上不變。但現行數位轉型新經濟時代，加上全球企業與人才遷移，加上數位無遠弗界，這時企業不得不隨之應變。

　　所以，領導團隊與人才配合務必要重新排列對齊，進而影響整個團隊思維，當發現先前成功模式出現警訊，就要啟動思維調整，否則後果將不堪設想。領導團隊的接班人更要具備工作聯盟思維，當企業不顧一切堅持理想時，也要抬頭看看外在環境的變化，畢竟若未能及時轉型，調整團隊隊形，極有可能釀成巨大傷害。

槓桿在哪裡？

15

先要找到有價值觀相同人才，並將勞雇雙方利益點坦白說清楚，在職期間不斷溝通對談確認彼此期待，員工才會專心投入工作。

強化員工的工作動機—
前途 VS. 錢途

引用管理變革大師 John F. Kolter 所說：最佳讓員工投入方式「領導」、「溝通」、「薪酬」三合一才能達到預期境界。

企業不能只期待政府振興經濟方案，只有加速轉型升級的解方，創新商業模式與產業轉型，公司獲利高，同步董事會與總經理觀念夠，那怕重金下必有勇夫！這樣更能創造企業價值，爭取更多利潤空間。

生物科技業除了資金密集，也是技術人才密集的產業，M公司在這產業中，有其市場上產品獨特性的競爭優勢，加上後台有知名財團撐腰，資金絕對不是問題。此外，公司人數不多，經營團隊堅強務實，同事間信賴程度高，也是該企業走出獨特優勢與獲利驚人的主因。

實驗室是重點，網羅不少研發實驗人才，雖高薪聘用卻也提供很好的工作環境與福利。只是好景不常，最近開始有新進人員抱

怨，流動率也隨之提高，老闆搞半天還是不知道問題在哪裡？究竟該強化哪些工作項目？或是薪資與員工福利出了什麼疏漏嗎？

管理部經理也因此針對同業及公司內部進行調查分析，並向老總報告，指出其問題癥結可能在基層主管領導能力不足，以及公司缺乏針對關鍵人才分紅與股權激勵方案。公司因此重新考慮引進主管培訓計畫，除培育主管領導統御能力之外，甚至即時設計特定對象，結合績效表現與公司營運，除了調整薪資與獎金比例外，加碼設計分紅與入股方案，希望藉此提出更具吸引力的管理方案。另外，董事會的協調也是重點之一，現有股東權益是否會因此遭到稀釋，總經理認為這是他有必要去做的事情，故而尚在嚴謹思考中。

為什麼過去替台灣經濟打下江山、在國際上揚眉吐氣的高科技業與製造業，常常自嘲淪落至「保一、保二總隊」，毛利只剩下個位數？靠低價、低成本與市場競爭的時代正在遠離我們，高素質人才留任議題才是正軌；企業這時若仍處在低薪酬迴圈裡，將顯得格外欠缺競爭力！企業不能光期待政府提出振興或紓困方案，產業界只有找到加速轉型升級的解方，創新商業模式與產業轉型，提升公司獲利，董事會與總經理之間的觀念更要即時同步，那怕重金之下，勢必有勇夫出現！這樣方可有效創造企業價值，爭取更多利潤空間。

引用管理變革大師 John F. Kolter 所說，讓員工投入**「領導」**、**「溝通」**、**「薪酬」**三合一模式，方可達到預期境界。若光以**「薪酬設計」**而言，我們需對人才薪酬思維需要完全改變，台灣過去高階薪酬運用偏重**「加法策略」**—固定底薪不高，採績效式獎金外加法，看似兼顧企業成本與績效，十分合理，豈知這當中很容易導致某些中高階幹部被外部高薪挖走；反之，國外廠商提出高競爭力薪酬策略，經常是採取**「減法策略」**—高薪吸引人才，但人才績效評估表現不佳時則會調降，人才自然淘汰，此舉其實不見得會增加企業過多人事成本，大家不妨試試看！

臺灣受限《勞基法》規範，企業主只有調薪卻無降薪權利，讓人才只求基本保障，績效無法有效反映在薪資上，這只會一般人才原地踏步，畢竟有時對人才需得隨機調整分紅才能激勵人心。當然，薪酬設計不侷限於固定薪資，還有獎金、分紅、留才計畫等皆是，企業可在不牴觸法令的框架下，提供更有彈性薪酬方案。

薪酬四個模組

筆者在此建初「薪酬四模組」計畫—外在薪資行情、職務專業性、績效貢獻度、職能特殊性等四個面向，因此產出公司若有新進敘薪、晉升調動、獎金分紅、留才方案等需求，此四模組均可因應人才需求給予不同滿足。建議 M 公司總經理對於各職能人才等，務必細細考量在**市場薪資水平、績效、職能留才**三方面的獎懲設

計，比如掌握此等人才的市場薪資行情，不要讓同仁誤解自己的薪水低於行情。也許貴公司是低固定薪但獎金分紅很高，卻也不要讓同仁誤會了；另外，除明確分紅獎金外，還有員工入股或留任獎金計畫，避免同仁為了短期薪酬，跑到競爭對手哪裡去上班。

薪酬足跡模式

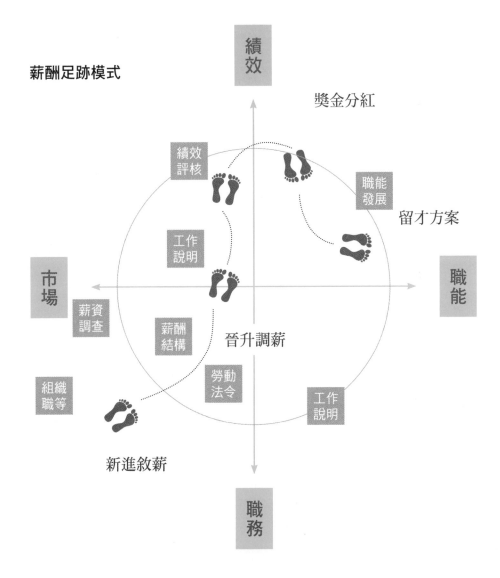

　　每個企業都必需自我體檢—**現行薪酬是否合理？** 如產業行情比較、人才誘因足夠、掌控薪資成本；配合公司管理活動—物價調薪、晉升調薪、預算編列、法定成本、產值與生產力分析、獎金分紅、薪酬委員會等，建議從下列四個步驟進行。

1　**準備一些外部指標。**外部經濟成長、與勞動市場供需都會明顯影響薪酬水準，所以先掌握一些外部專業報導，建立整體性狀況掌握，如經濟社會各項產業指標，如 GDP（經濟成長率）、CPI（消費者物價指數）、整體調薪率等。

2　**公司內部財務報表。**同步將內部財報，近三年相關公司營收獲利、薪資、獎金、產值、薪資貢獻比等分析表； 再綜合企業給付薪酬能力，成本結構與獲利有連動性，同時在營運、創新、顧客、人力資本關鍵組合會有不同資源配當，都是很重要的關鍵因素。

3　**準備外部專業薪資調查，單位統計分析資料、並與常模比對。**比對貴公司在個別產業與全產業間的薪資資訊，了解貴公司在薪酬市場之競爭力。可看出貴公司（固定薪 + 變動薪）落點在各職等高與低，並做 Compa ～ ratio（薪資相對比 = 貴公司薪資數值／業界薪資水準）之薪資比對。

產業別	總固定薪資與變動獎金比率					說明參考 仲悅職務 Mapping
	高階 主管	中階 主管	基層 主管	資深 專業 人員	專業 人員	
高科技	68／32	75／25	80／20	82／18	85／15	1.高階主管係指八、九、十職等之處長協理、副總、總經理級成員。 2.中階主管係指六、七職等之資深課長、副理、經理級成員。 3.基層主管係指四、五職等之組長、課長級成員。 4.資深專業人員係指五、六職等之資深工程師與專案之成員。 5.專業人員三、四職等之工程師與專員之成員。
電子 製造 周邊	78／22	84／16	86／14	85／15	90／10	
消費品	75／25	81／19	88／12	87／13	91／9	
專業 技術 服務	74／26	78／21	83／17	84／16	85／15	
一般 製造	77／23	86／14	87／13	85／15	88／12	

④ **重新校準您企業薪酬制度。**高薪或高獎金的員工對工作的投入程度不見得越高，有時反倒是跳槽機率往往更高。必須了解公司內部職務位階最高與最低員工，或績效最優與最差員工，雙方薪酬差幾倍才是最好的？是 1～3 倍公平些？ 還是差 5～10 倍以上較具競爭力？另外，針對薪酬發放週期，除月薪與每年獎金與分紅外，還有哪些報酬可以設計成三年或五年內分期發給同仁們？並了解此舉是否足以留住人才？

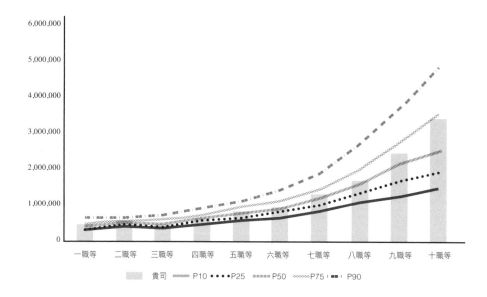

職等	人事總務	對應公司職務名稱	總固定薪	CR 值	薪資總額	CR 值
10	總經理		1,500,000	63%	2,400,000	96%
9	管理副總		1,200,000	0%		0%
8	處長／協理		1,200,000	93%	1,800,000	122%
	顧問／特助／首席管理師			0%		0%
7	資深經理／經理		1,100,000	101%	1,700,000	127%
	主任管理師／專案經理			0%		0%
6	副理／資深課長		900,000	114%	990,000	116%
	資深專員／資深管理師			0%		0%
5	課長／主任		600,000	92%	900,000	122%
	高專／高級管理師			0%		0%
4	組長		450,000	73%	690,000	95%
	專員／管理師			0%		0%
3	初級專員／助理管理師		340,000	80%	380,000	83%
2	助理專員		320,000	86%	400,000	94%
	資深司機			0%		0%
1	辦事員／助理／總機		280,000	80%	300,000	78%
	司機			0%		0%

另外，**非財務報酬—前途**也是很重要的一環，比如雇主品牌概念，已是近年來外商吸引與留住人才很重要的議題。此外，工作是否有成就感，或願意提供一些員工福利輔助方案，讓工作更具意義，員工能夠清楚知道未來的晉升發展規劃等，不論大型與中小企業都需思考，**如何健全企業的人才薪酬政策。**

引用 Google 薪酬政策跟大家談談，企業慷慨給予同仁不公平薪酬，拉大薪酬距離，這才能反應工作績效的常態分布定律；除了金錢外，許多創意性的獎勵只是大家尚未想到而已！其實我們可以發揮創意設計，符合企業投報率投資，讓人才在工作平台上發光發熱！

槓桿在哪裡？

16

1. **人才進入企業需求—前途、錢途**

2. **企業要思考：**
   - 財務報酬：市場行情、職務、績效、職能四個構面
   - 非財務報酬：如公司品牌文化、主管領導能力等

Hi 老闆，你知道我為何離職嗎？

一份針對中小企業人事的統計報告，結果顯示，台灣企業存活率竟然只有 13 年內？

原因何在？

這份白皮書中，參調台灣中小企業 138 萬家（佔企業 97.7%），就業人口 876 萬（佔就業人口 78%）；銷售額（佔全台銷售 30%）；中小企存續 10 年以上（佔 50.4%）；家族企業（佔全台 70%）；企業主平均年齡 62 歲）；盼二代接棒（佔 58%），員工想換工作動機（佔 83%）……，由此可見台灣中小企業營收有限，多以家族企業為主，管理制度不完備，員工在職場工作時容易萌生「騎驢找馬」心態！

企業規模有限者，極易受經濟循環影響，稍有不慎就會被淘汰出局，加上公司獲利若欠佳，更是難以採用高薪策略吸引人才，加上主管曾若多屬高齡經營者，更是讓企業轉型、接班等規劃緩不濟急！人力資源發展與管理將更難在用才、留才上發揮效果。

　　筆者從多年累積的培訓個案中發現，針對人才，企業經常遇到的最大困境是員工工作態度消極、凡事事不關己，即使運用實質獎金、口頭勉勵等手法激勵，卻依舊治標不治本，整個工作場域充滿負面及抱怨氣氛，這當中到底出了什麼問題？

　　加上今日經濟低迷與勞動法令夾殺，中小企業人力資源管理越來越難運作，許多企業經營層不是不願提出人才留任計畫，而是每天例行處理人事行政工作就佔了八成的工作量，加上人事人員精簡，有些是其他行政管理人員兼任，所以百人規模以內的企業，人資部門運作更是艱辛，遑論人力資源發展……

　　試想，如果人資管理部門已花了每日工作量的八成在處理行政瑣事，那麼在現有事實下，這根本是無法提升人力資源素質的，大家是否真的了解公司目前的困境？

人事勞務基本問題

1. **工時加班**：工時排班表很重要，如何規範休息日、例假日、國定假日等，每個人的加班計算基準應該都不一樣的，人員調度可讓加班成本有效掌控；但筆者總常見到公司與同仁針對加班時數超時、還是下班處理私務認定，加班補休折算代金，計算加班工資雜；如果不熟悉人事法務人員控管，一定會出現很多

問題，畢竟雙方工時糾紛往往是比例最高的一部分。

2 **勞動檢查困擾**：勞動法令修正頻繁且細則多如牛毛，勞動檢查需要的資料更是一大堆，一不小心出錯還要被罰幾萬到百萬元，所以統一管理勞檢所需提供的報表，避免人事因應困擾，有效降低因勞檢困擾而受罰，更是中小企業目前需面對的一大議題。

3 **休假管理**：員工關心休假是否正常，截至目前仍是一大重點，比如特休假結算期間不同，搞不清楚是週年制或曆年制；員工是否可申請遞延一年？對於休假遞延、加班補休期限，未休完之特休假或補休結算作業等各種假期處理，困擾頻頻。

4 **出勤管理**：一般公司都很在乎員工出勤紀律，同仁間更在乎月底薪資是否有短少？是否準時出勤，有系統且即時掌握同仁當天出勤狀況，例如未打卡等，上述一切事務均需要專業知識、流程文件、資訊化來代理。

請老闆與高管，多多關心員工在想什麼？

　　無論公司是否有導入績效管理工具，**數據統計功能**很重要，人事單位提供各項統計報表（如離職率／人均產值／薪資成本比／

績效評比等），可讓老闆與部門主管有感。提升部門主管針對人資管理管理技巧學習與認知，也可以降低將人資管理功能都在人事單位，顧及到中小企業規模不大，卻可讓部門主管成為人事主管的最佳代理人！

工作內容與工作標準是否清楚定義？許多人才在進入公司時，通常是透過老闆或主管面談時，簡單說明工作內容即止，並未清楚書面載明工作內容，例如（JD ～職務說明書）與工作標準（PI ～績效指標），所以常會出現新進員工後來感覺這份工作與原先面談後所期待的很不一樣。剛開始還可以適應一下，但後來只要一碰上雙方工作認知不同或發生不順心的事，往往就會拿出來抱怨，……慢慢地，就會開始心生不如歸去之感。就像大家因誤會而結合，因了解而分開一般，其實大家都沒錯，只是今日社會價值觀變化快速，讓大家越來越沒耐心去面對、解決問題！

別誤會自己的薪資偏低或過高，這世上凡事沒有絕對

公司要很清楚定義薪資政策，設計簡單易懂，吸引目光停留，進而在可呈現人才專業度、績效貢獻度、未來在公司發展路徑等，滿足人才需求，員工這時才會願意投入，與你共創未來！

中小企業經常抱怨自己的薪資策略欠缺競爭力，我雖認為這是

職務說明書

執掌 + 職能 + 績效（三合一版）

姓名		部門單位	管理處設計部	職稱	助理創意設計師	
直屬主管職稱	Alex	職務代理人	Kraen	編號		

工作摘要	◆蒐集資訊→設計→確認（Alex）→發印刷稿→確認收到成品→給相關業務 ◆產品下訂購單→確認樣品→確認配件製作→收到					
先備條件	電腦 MS 熟練（excel／word／PPT）；美工基本概念；溝通能力佳					

職責 （Duties） （工作大項）	比例 （%）	任務 （Task） 工作選項	職能級別 1～6	行為指標 說明做出程度	職能 K 專業／S 技能／A 特質		工作產出 如報表／周期／指標
網路資訊更新	20	1. 填寫工作周報；將內容提供總經理閱讀 2. 每月將網站定期 post 文 3. 與電腦維護公司討論事宜	3		K	1. 資訊美編能力	工作周報／正確率≧98% 工作頻率∠天
					S	1. 網路蒐集能力 2. FB 與網絡設計編排能力	
平面設計	70	1. 完成相關文案初議 LAYOUT 提案 2. 與客戶或業務討論內容修正 3. 完成討論後成果並完成稿件 4. 與總設計師完成確認稿件	4	1. 具完整專業管理能力，並能謹慎細心完成組織管控 2. 碰見問題，有清楚溝通與問題解決能力	K	1. 資訊美編能力	設計圖作品採用率≧85%
					S	1. 溝通協調能力 2. 初級專業管理能力	
	5				K	1.	工作周報準時交貨+-2 天
					S	1. 2.	
展覽活動策畫設計	5				K	1	工作周報議價系統
					S	1. 2.	

個不爭的事實，但大國雖有強國優勢，小國自也有個人特色與優勢方式。如果中小企業固定薪資不高，但工時與獎金分紅制度較具彈性、自我掌握度也較高，這時機會點便來了，上述幾項優勢是不易讓人才被競爭對手運用高薪挖角離開的！如果這個職務人才薪酬高低是員工存留關鍵，那你只好認命，畢竟無力可回天，既然無法改變事實，那就再找一個適合的工作夥伴吧！

最後，建議中、小企業也要擁有專屬的企業文化，重點要看的見，領導管理更要摸的到，現行無論政府團體、企業等都在談管理軟實力的重要性。我們需要凝聚團隊價值觀、企業文化，但不是空喊口號，上上領導課程就好。我們需要一個看得到、感覺得到過程與成果的氛圍，例如我們要建立績效管理制度，運用資訊系統、制度標準建立，賞罰不是個人主觀判斷，大家都可以明確即時掌握科學評點過程；**老闆這時很重要，需要經常與同仁溝通，因為你就是推銷公司理念的關鍵者。**此外，開會要講效率，與同仁互動面談，或在活動與訓練中傳遞彼此關聯性與任務，讓紀律與創新並存，都是好方法！

這是一個轉型、創新、接班關鍵時代，昔日第一代企業經營者或許親自掛帥，二代接棒後或許自己來，也可能轉交專業經理人管理，然無論如何，面對外在環境瞬息萬變，勢必要明確掌握人才布局，方可迎戰未來，否則陷入組織人力內耗現象，得不償失！

槓桿在哪裡？

17

1. 先做好人事、勞務基本問題。

2. 讓老闆與部門主管多些時間去了解基層員工需求，擔任強化溝通、績效的工作者。

拒絕「錯位」！

錯位的現象大家都知道，但許多企業主與高管卻只能心裡隱隱作痛，無法可管。

為什麼會「錯位」呢？因為老闆看不慣經理人的態度與速度以及當責心態，最後就是自己跳下來做；經理人也看不過去部屬專業程度，想想自己做比較快，告訴一個人去做反而慢，因為從專業背景晉升到主管，最後造成了一個缺乏信賴及怕錯的心理，反而讓組織陷入自己做下一階的職位工作，試問，這樣的公司會成長嗎？

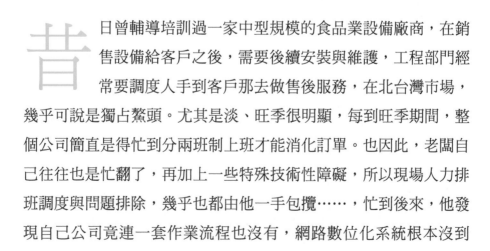

昔日曾輔導培訓過一家中型規模的食品業設備廠商，在銷售設備給客戶之後，需要後續安裝與維護，工程部門經常要調度人手到客戶那去做售後服務，在北台灣市場，幾乎可說是獨占鰲頭。尤其是淡、旺季很明顯，每到旺季期間，整個公司簡直是得忙到分兩班制上班才能消化訂單。也因此，老闆自己往往也是忙翻了，再加上一些特殊技術性障礙，所以現場人力排班調度與問題排除，幾乎也都由他一手包攬……，忙到後來，他發現自己公司竟連一套作業流程也沒有，網路數位化系統根本沒到

位，加上過度依賴人的經驗判斷，而一旦當事人離職，整個公司通常就會大亂。

這些場景似乎經常發生在台灣的中小企業主身上。

若說他們好像忙著不亦樂乎也算是，但我想他們也有自己的諸多不得已，畢竟任誰也不願意這麼勞碌啊！但苦不堪言的情況下，衍生出來的問題及風險就很大，一旦老闆若不幸請個幾天病假，這時公司根本沒有主管能夠代理他的工作，人力調度困難與客訴抱怨連連，這到底是證明老闆能力很強，還是整個公司根本沒人才呢？

這其實是一個很嚴重的組織危機！

這樣的一個企業其實都是台灣隱形冠軍，但我們也常發現這樣的企業都犯了一個共通的毛病—也就是**「錯位現象」**。公司不是沒錢聘請員工或添置 IT 系統，但就是若沒了老版壓陣，什麼事都亂了套！

至於什麼叫做錯位現象？說白話一點就是老闆去做經理人的工作，經理人的工作因為被老闆搶去做了，所以經理人反而得去搶工程師、技術人員的工作，而專技人員的工作沒了，緊接著就是沒事可做，反正每個月有固定薪資可領，何必多做多錯！

看到這邊，我們要明白，當老闆的人首先要「歸位」，做好老闆該做的事情即可，他應去規劃公司的未來、發展方向，培養領導梯隊。而經理人就是做好營運管理，有效整合內外資源。首先，

1　**界定每個職務該有的職掌與任務。** 也就是所謂的工作職掌或任務，這個工作不難，但常流於形式且變得不夠具體，記住須以簡單、清楚為要。

2　**該項工作必須擁有何種能力或產出標準為何？** 必須要有產品專業與獨立報價能力、每月交付相關統計報表或完成幾個客戶拜訪，別忘了，培訓員工能力很重要，公司裡總會有些人不願當主管，甚至不知道如何當主管，害怕自己無法勝任，這時為長遠計，公司需要協助他擁有這方面的職能。

3　**願意接受員工有犯錯的機會並持續協助調整。** 許多人不願付出行動去負責，原因是組織裡往往是能者多勞，一有問題就得負全責，特別在跨部門時常有「工作漩渦」型問題發生，這就是有時跨部門的工作權責很難劃分，除了有配合度問題以外，更常遇到有事就互推皮球，推卸責任，但有功則人人搶，這就是工作漩渦。

老闆一定要鼓勵大家多做但非多錯，主動負責者應該一定多得，甚至有些新創科技業老闆鼓勵員工「擁抱紅燈」，就是做不好

沒關係，請大家勇於挑戰與執行，重點是過程中是否有主管或外部
專家協助引導大家更正。別忘了這個關鍵—「從錯中學」，這才是
對員工最好的禮物。

　　過去，台灣中小企業還是習慣以中央權威方式管理，經營者也
許反駁已導入數據科學目標導向，民主式自我管理，但在執行常耳
提面命地指揮，大家依舊習慣一個指令、一個動作。再者，老闆也
不喜歡同仁唱反調，如此一來，大夥兒只求工作順遂太平，年終領

某一公司目標與任務指導範本

目標 O	任務：關鍵成果 KR	查核與建議
第一季：AA 專案行銷前置準備完成。 第二季：推動 AA 業績促銷提升方案～穩定公司目標營收仍達成 95% 以上。	任務 1：2／20 前完成客戶資料庫／庫存分析；分成 ABC 三級客戶群組及各項產品毛利與週轉狀況；上傳公司 CRM 系統完成。	□很好 0.8
	任務 2：3／10 完成 AA 專案優惠專案；並與研發部與生產部討論完成；各業務針對客戶通知作業 2／20 為止。	□尚未完成 0.5，請加速推進
	任務 3：增加電子商務平台上線；初期案 4 月 1 日正式啟動，4～6 月業務推動；並統計表每周報告 Header 狀況。	□尚可，正在啟動中

紅包就行，這看似民主的企業管理，其實本質上依舊是中央集權管理，聽命行事文化！一旦面對外在變化，往往只有束手無策！

對員工來說，他是第一線看到的問題的人，不妨鼓勵他們參與討論並提出做法；而做為管理者，你則是負責目標的人，所以一定要把目標先拆解為任務，請大家落實任務為先；而非責難目標沒達成，又該誰來負責？做不好沒關係，只要提出改善方案，力求改盡才是重點。逃避不是辦法，負責才能解套！

槓桿在哪裡？

18

如何避免錯位現象？

1. 每一個職務必須該有的職掌與任務，產出什麼標準？
2. 嘗試接受同仁做錯，並持續協助調整

大管理小實踐——
持續做「關鍵小事」

「簡單 不斷地努力，成功就會「突然到來」。

—松下幸之助

近幾年職場中不斷遇到世代價值觀衝突，相信大家常聽到這種對話：「老闆只丟出問題要我們找出解決方案，主管更是只出一張嘴，抱怨我們做事不專業，卻從未看到我們經常加班到很晚……」、「現在的年輕人只會抱怨公司與主管，卻從沒看到自己工作態度不好，只會提問題，卻沒提建議！真是越來越難找人才……」

有人說，職場就像是一座動物園，員工是猴子，還是老虎？以前的老闆給香蕉時，員工心裡會想： 只要全力以赴拿出績效，想辦法證明自己不是猴子，老闆就會給我吃肉……，但現今許多員工想法相反，認為 老闆若只能給香蕉，那他們就只做猴子該做的事；除非老闆願意給肉吃，大家才會想辦法證明自己是一頭老虎！但孰不知自己在老闆眼中，根本只是一隻病貓！看不到績效的人，還想要他給肉吃，這根本是不可能的！

相信有許多企業主都想顛覆這種情景，雖然現行組織氛圍充滿著一些不愉快，但公司依舊嘗試導入一些管理方法與優化主管領導能力的課程。只是再怎麼努力，依舊有許多關鍵小事沒有落實，比如會議依舊是一言堂，會議過後沒人落實追蹤，主管們從未主動與部門員工定期會談、Review 工作進度，責難多鼓勵少，總之就是少了一些創新與溫暖。

我有幸參加過「日本經營之神」松下幸之助來臺灣舉辦的一場演講 ‧ 他曾說，改變一些作法，就從做「對的小事」開始，據說他在位期間經常推動兩件小事，一是「各部門主管每天固定開早會」、第二則是「每季部門各自辦理一項有益身心小型活動」。

他的思考邏輯是，人人皆知不斷溝通與身心健康很重要，但若過於嚴肅地溝通，往往很難改變冰凍三尺的企業文化，所以，他習慣先引導各部門主管如何善用每天 15 分鐘早會，並且要求主管列出會議清單。

每天會議 15 分，會議三個步驟

☐ 先用一句話，祝福與鼓勵同仁們擁有美好的一天。

☐ 請每位同仁在 3 分鐘內，報告昨日的工作進度與今日的工作重點。

☐ 主管針對每位同事的任務，提出自己的看法。

至於「每季部門各自辦理一項有益身心小型活動」，比如可辦理家庭日一日旅行、小爬山、參加 4 公里馬拉松、藝文活動等，公司補助費用，公司管理部可協助支援。

季活動規劃書
□部門：　　　　本季主題：　　　活動規劃：
□時間：　　　　地點：　　　　　預估費用：
□承辦人：　　　部門全體：

由於老闆重視這兩項小事，並在每次主管會議中重申，故而這個模式持續 Run 了一年後，終於看到許多部門的溝通品質出現長足進步。

但要如何強化這些關鍵小事，進而影響我們的行為呢？我知道，大家除了薪酬外，我們也希望在工作中追求**「快樂」或「有意義」**，只是**什麼才能吸引新世代員工熱情投入工作？**比如現在有很多年輕夥伴選擇工作，首要是希望能夠實現自我並享受工作帶來的樂趣，第二則是追求意義，因為這份工作也許無法讓他感到輕鬆愉快。但他會覺得做這件事是非常有意義的，對他的人生價值是有很大幫助的，所以他會願意投入。

　　換句話說，有很多工作其實是單調乏味的，也許可以換來高薪，獲得另一種收入的快感，但這份工作是沒有意義的，那麼即使擁有高薪酬，這種快樂也不會持久。反而也許有些工作很乏味且薪酬不高，但非常有意義，例如社會服務，志工性質等，雖然心靈收穫高，但是因為辛苦且薪資不高，許多人也可能從事一段時間後就會離去。

如何兩者兼顧，願意持續投入？

　　我們要設計一些具備意義、有價值或快樂性的特質來補強，面對工作單調無聊時，讓它不會因持續執行而感到乏味。

　　人與團隊都是有惰性的，常會淪入三分鐘熱度的窘境，澆滅我們的熱情，所以組織中談論價值觀與工作態度，常會淪於口號，即使宣導、標語、培訓後都不易看到成果。

　　推動關鍵小事絕對是很重要管理工作！

　　籃球是一個偉大發明，奈史密斯博士（Dr. James Naismith）是籃球的發明人，他在美國麻省的 YMCA 春田學院發明這項運動，故事發生在 1891 年寒冷的冬天，因為麻省的冬天在 11 月就開始下雪，室外運動不得不停止，但當時的室內運動只有體操，每位學

員都覺得無聊而提不起勁、團隊氣氛也很差，有一天，大學校長找
奈史密斯問：「大家是因為沒有適當的運動才會無精打采，所以請
你去動點腦筋，想一種能引起同學團隊合作並能活動筋骨、提升健
康，還能學習紀律的運動。」於是，他想起小時候玩過一種以石頭
投洞穴的遊戲並加以改良。之後再綜合足球與冰上曲棍球的規則，
甚至擬定遊戲規則，讓學生玩得很愉快，符合校長所期待。

　　有此可知，透過一些活動可培養健康體能、團隊合作、守紀律
的習慣；我們在組織裡更需要巧思設計「具體活動」—具備競賽感、
趣味性、有規則並得守紀律的項目，才是推動價值觀、提升素質與
態度的好方法。

槓桿在哪裡？
19

1. 除了薪酬，工作理想尚有兩個面向：有意義性，快樂性。
2. 最好的作法是—持續做關鍵小事，總會看到預期效果。

薪酬是科學，更是藝術！

「員工為何要全心投入在工作上？是認同這份工作的理念？還是可以在這裡賺取到高額薪資？還是我覺得這份工作可以滿足我的自我價值？

企業為什麼渴望人才？公司成長只是缺人手幫忙嗎？還是這份職缺需要專業與能力，藉此補足公司成長不足之處？

許多組織與人才的問題即產生於此，企業若想正常營運，萬萬不可被「人」的問題困住了！古書有云，「企」業之「企」字，止於人，公司經營有如人體之咽喉處，這是非常關鍵的觀點。從歷史看到春秋戰國時代百家爭鳴，有人力主仁義，傳承儒家精神，也有人標榜嚴刑峻法，倡導唯物法家思想，或是崇善自然無為，遵守道家思維，不論如何，這些觀念都對，也都或多或少地影響了當時的國君，之後也看到了不同結果。

現今的企業到底要選擇法家精神，皆以利益與賞罰導向來驅動人性？還是運用儒家人性本善，先啟發教導後，再自然地潛移默化建立共識，進而投入工作？或是乾脆崇尚無為而治？……我相信這些理念都可兼容並蓄，相互補強。

　　新勞雇關係，重要的是**找到與公司理念相同的人才**，企業主從選才開始，就要把企業與人才價值觀拿來比對一下，與我擁有共同理念者，才能一起往前邁進。

　　待員工進了公司後，必須傳遞企業文化態度，並且培育員工投入工作的熱情，這比較像儒家思維。再者，端出法家精神—信賞必罰，凡事務實，人才在這裡想要得到什麼？如果雙方共同利益點沒說透，人才不會全心投入。公司規劃的升遷、調薪、分紅、入股方式，面試時都要很清楚地說明，讓員工知道自己未來的發展舞台！反之若彼此預期差異太大，那就要溝通，確認雙方還有沒有繼續走下去的機會？但也無須過度勉強，與人才維繫好的合作夥伴關係，方為良策。

　　從進入公司到離職前，雙方隨時溝通，清楚彼此權利義務與期待。許多行業時時處在微利、割喉競賽中，假設公司預算有限，雇用人才時薪資水平不高，建議公司讓同仁清楚明白，但不要讓他們一直覺得感覺委屈，這樣反倒給對方一個不認真工作的正當理由，私下暗自抱怨「微薄薪資，只好貢獻這樣服務 」，反讓勞資問題更加嚴重。給予合理薪資的同時仍要嚴格要求，明確獎金分紅制度或留才方案，願意留下的多半是認同感相當的成員，透過清楚的說明與溝通，讓同仁清楚權利義務，對雙方都是好的結果。

薪酬概念新趨勢—績效取代年資

　　現今職場不再流行早期的**年資導向薪酬**，現在普遍以**績效與職務導向薪酬**。

　　記得曾輔導過一家企業建立薪酬制度，我發現他們習慣採用職務職等薪酬表，其中有三十個職等，我打趣問他們，為什麼設計哪麼多職等用，整個公司總計也不過百來位員工？當時的會計小姐回應我說自己也不清楚，要問老董事長才知道……，後來一經問道後明白，老董事長希望讓人才每年晉升一個職等與調薪，員工若待上三十年，年資剛好屆滿退休。

　　各位會覺得這種場景實在很少見了吧，畢竟現在希望一個人才在同一家公司待上三十年，難如登天吧？

　　畢竟這個制度只是會讓同仁不再關心績效，只要時間到了，問老闆要幫自己調多少薪水就好，當時的老闆若是不幫員工調薪，好像就不是一位好老闆。然而績效導向可能會讓同仁以利字當頭，畢竟當**營運績效不好，無法用較高薪酬吸引員工**，這時兼顧職務與市場行情水準，**讓調薪幅度趨於穩定公平**，才能兼顧公司獲利與吸引人才。

　　台灣企業的薪酬制度多半偏重「加法薪酬」，除了固定月薪以外，再加上績效式獎金，看起似乎相當符合人性，但筆者發現，即便如此，還是有許多企業無法吸引職場菁英。所以，部分廠商改用

職等職稱對照表

體系 （職等／職稱）	主管體系	技術體系	行政體系	業務體系
9	董事長			
8	總經理			
7	副總經理	總工程師		
6	處長	資深主任工程師	資深主任管理師	資深主任專員
5	經理	主任工程師	主任管理師	主任專員
4		資深工程師	資深管理師	資深專員
3		工程師	管理師	一級專員
2		助理工程師	助理管理師	業務／行銷專員
1		技術員	管理員	管理員

「減法薪酬」因應—先以高年薪制吸引人才，這雖會造成初期薪酬成本較高，但畢竟人才表現若未如預期要求，薪酬也會隨之降低到與表現相對應的薪資水平。這種方式盛行於如今的中國大陸企業及外商企業挖角時使用。

企業調薪與高年終獎金，真的可以吸引人才工作更投入？

有些公司設計讓員工永遠在期待中，4 月份有調薪、7 月時發年度分紅、來年再發年終獎金等，尚不包括還有三節獎金呢……，但其實總金額與一次發高額獎金一樣，只是避免每次調薪與年終獎金後，造成許多員工不滿意，反而讓離職率擴大。所以，高薪不一定留得住人才，建議大家還是要再多設計一些驅動員工投入的薪酬設計才行。

限制型股票

採用配股制度吸引員工，希望因此讓員工們產生參與感，但結果常是員工取得股票後，隨後便在市場上賣掉，失去留才效果。公司透過特定對象發行限制型股票，設定一個今年度的公司 EPS 目標，比如說是現在是 3 塊，若今年達到 4 塊的目標，公司便承諾給予這些有功的員工無償配發股票；但附帶一個契約規定，員工不能在約定期間內變賣股票，或幾年後方可變賣幾成持股的約定，藉以達到留才的效果。畢竟企業主期望經營績效與員工酬勞徹底掛勾，但先經過董事決議很重要，避免股權被稀釋的狀況發生，損及現有大股東權益。

建立持股信託

公司根據員工職務的高低與績效好壞，設定個人月薪從 1,000 元到 10,000 元提撥，公司相對提撥金額，如個人 5,000 元，公司提 5,000 元，合計提撥 10,000 元到公司專戶，一年下來，這個同仁就 12 萬元的累積獎金，目的就是讓他用這筆獎金購買公司股票，並與員工約定契約，員工離職時才能動用這筆資產，主要的目的是希望留住員工，年資越久，領得越多。

這也是一種企業留才的方法，因為員工也要相對提撥一定金額，這是基於雙方互信，共存共榮的認知，才能達到預期效果。

超額盈餘加碼設計

這個概念就是，除了依照今年的營運績效發放年終獎金，公司還會訂立一個業績或獲利目標，如超過一定金額則依比例發放獎金，並與關鍵員工分享，例如今年分享七成金額，來年此時你也可以再分享另外三成獎金。當然，次年有當年度超額盈餘比例獎金也有七成分享，部分又遞延次年享受。透過迭代年度累積，當然是在職時才能請領。一旦離職，員工就會失去分配金額的權利。同時也可考慮每年獲利狀況不一，在獲利高時持份多一些，也可彌補獲利少時的損失，藉以平衡員工的年薪收入。

　　薪酬留才方案也是一種科學計算與藝術的整合，除了公平合理以外，也要員工買單才行。簡單來說，薪資具有四個面向：

（1）**市場導向**—考慮市場上的薪資行情是否會影響到人才的存留。

（2）**職務導向**—企業根據不同職務的複雜性，給予不同薪資。

（3）**績效導向**—根據員工的貢獻度來計量數據，貢獻越多者可以分到越多獎金，比如年終獎金、績效獎金等。

（4）**留才導向**—這是公司對特定人才設計的綁定績效、留任的方案。

　　當你思考公司薪酬已無法吸引與驅動人才時，不妨往這四個面向去思考，或許可以找到適合你的癥結點。

槓桿在哪裡？

20

1. 企業吸引人才的兩大重點：

價值觀是否一致？薪酬是否足以驅動人心？

2. 考量薪酬制度的四個面向：

市場行情、職務導向、績效導向、留才導向。

請神容易送神難？
分手也要講技術……

分手是門藝術！

離職這個問題總是令人傷感與不愉快，一旦員工離職，人力出現缺口，老闆或主管就得開始傷腦筋，如何重新培養人才，業務交接能否順利，會不會又找到同樣一位麻煩人物？而員工則得重找新工作，未來能否順利找到理想工作與磁場相近的老闆？一切都在未定之數，雙方同樣都得面對新的挑戰。

話說進入一家公司，大家或許是因誤會而結合，後來則是因為彼此太熟悉而分開，就好像婚姻一樣，本想執子之手與子偕老，無奈何總有一些問題糾結在彼此心裡，撐到最後大家都不想再忍耐，只好黯然分手……。

早期的勞資關係則像老一輩的婚姻觀念，彼此願意忍耐對方的小缺點，不輕易談分手。反觀現在的勞資關係如同新一代的婚姻觀念，雙方如果預期差異太大，雙方都願意快快分手，無須留情份。

故而筆者相信，很多人都是開心進入新公司，離開時則或多或少都
會留下一些不愉快、惆悵的心情。

　　離職有時會像離婚一樣，主動提出者，有時還必須給付對方贍
養費，誠如職場中若請不能勝任工作的員工離開，還有資遣費議題
要討論，如對方嚴重違反工作規則與勞動契約可解雇，可以一塊錢
都不給，請對方主動離開。反過來說，員工也可開除老闆，畢竟論
及責任歸屬，有些是老闆違法為先，所以員工可以主張自請離職，
並向老闆請求資遣費。有時雙方權利義務講不清楚，甚至還要動用
勞工主管單位調解，若調解不成再上法院提出訴訟，真像一個婚姻
關係一般，進場容易，退場難。

離職不只是個人事件，還需考慮在職同仁感受

　　公司遇到員工離職困境，有時還不是單一事件，而是整個公司
的問題。話說我認識的某位企業主，老闆平日霸氣十足，但帶人的
邏輯就是勇於給高薪，但相對也敢要求工作績效，只是缺點在於說
話的語氣總讓員工當場覺得很沒面子。記得有次他曾對著一位已在
公司服務三年多的同仁咆哮，因為對方在會議中主動提出對公司不
利的動議……，這位企業主當下很生氣並大爆粗口，明白表示該名
員工明天不用來了。

　　結果，這名員工當下很冷靜地表示沒問題，但認為資遣要件不符合勞動法令，因此表明：「我們幾天後可在勞工局見面。」而老闆也回嗆說：「大不了給你資遣費就好了，少得意！」因為他當下認定這名員工只是說說大話而已。

　　豈料事情發展並沒有這麼單純，這個員工也絕不善罷甘休，他前往勞工局請教並提出勞資調解，結果呢？沒過多久，公司收到了一份勞工局寄出的調解函，說明這名員工主張資遣不成立，認定公司非法資遣員工。

　　調解當天，老闆解釋：「自己只是在會議中隨口說一句話，這樣就算資遣成立了嗎？如果依照法令，我付他資遣費，公司想請他走也不行嗎？」

　　其實還原當天的場景，老闆當下表示該名員工明天不用來了，對方即可認定收到請求離職意思表示，但員工認為公司要資遣我也需要條件，必須證明員工是否不能勝任？但公司並未因此提出法定程序之條件，所以員工方才要求資遣不成立，而老闆就此陷入兩難中。因為企業主管理公司不能沒有績效考核記錄、獎懲公告或提供一些限期改善書等程序，所以主張該名員工無法勝任工作的要求，不能成立。

　　那雙方退一步，老闆就讓員工復職，這總可以了吧？但員工主張雇主先違反法令，要求自請離職並給予資遣費，外加調解期間二十多天沒有上班，過去加班費並未足額給付，一併請求上述金額均需給付，外加給老闆一個下馬威──這段期間老闆粗暴語言讓自己身心俱疲，考慮請求《民法》精神損失賠償等……，老闆當下驚訝不已。其實，公司更需擔心的是該事件的後續影響，全體在職員工如何看待這件事？是否會因此衍生其他問題？從中體察到公司勞務管理方面的不足。事實上，老闆需對員工做出正確的個案處理說明，並且從中學到教訓，體悟公司不足之處應該如何改善，否則只會還有負面教材不斷出現影響同仁感受，未來損失可就更慘重了。

當關鍵人才向你說 byebye……

　　若從另一個角度來看，員工離職有時實在是不得已，這是否會造成遺珠之憾？這其實是有可能的，也許是這位優秀同仁家中臨時有事？或希望自己再進修？或想創業等因素必須離開公司一陣子，所以不得不做出離職決定，說不定日後還有再回鍋機會。我知道有些知名公司會成立「優秀同仁 VIP 群組」，好的員工會在離職後加入這個群組，繼續維繫感情，主要是建立一個良好關係，以利雙方後續尚有合作機會。

　　筆者先前任職的公司便有建立這樣的群組，公司聘請專人維護群組，比如可能某位離職員工去另一個新公司工作，結果並未如預期這樣好，也或許員工心生悔意，但不好意思回老東家求職，這時，若公司主動提出讓舊員工復職，舊員工發現外面的世界並沒有這麼簡單，創業也沒有預期那麼容易，這時重回老東家懷抱，皆大歡喜。

　　此外，公司若剛好有些急缺職務，也可請這些群組的人員幫忙引薦。我曾看過許多離職員工成立新公司，後來竟成為老東家的供應商，除了承接一些外包工作，有位離職員工甚至在公司附近成立手搖飲店，員工聚餐或福委會下午茶外叫，都由這位夥伴承包，讓他的創業成果更順利。

　　再者，公司可藉此讓在職同仁看見公司溫暖的那一面，只要表現良好，無論在公司內部或外部，公司都可以一併照顧。

　　至於如何經營這個群組？老闆的支持與參與自是重點，例如公司定期發放三節小禮物或問候函等，另外公司甚至舉辦福利活動，歡迎舊員工回娘家，亦或是推薦好人才給老東家，可以額外獲得一些獎勵金等，這位離職員工進入某公司工作，反而可能成為公司日後的重要客戶或提供公司源源不絕訂單也說不定。總之，人情留一線，日後好相見。

不用擔心離職的好方法

不管最後是愉快說再見或還是不開心的離開，大家別忘了與你現在仍一起打拚的夥伴建立好關係，同仁正確離職時的態度，可讓業務銜接更順利，避免下一位接手人面對不清不楚的爛攤子，讓後來的新同仁咒罵自己不負責任，甚至為自己多製造了一個敵人，得不償失啊，畢竟人生應多結善緣才是。

筆者在最後另外提出一個議題，大家想想自己是否有建好良好的工作執掌說明與流程文件呢？如有人員異動，未來能否順利接手作業？

企業組織最容易陷入一個陷阱，那就是找到一位能力很好的人才，公司大小事都可獨力完成，身兼多職也沒問題，老闆這下子肯定開心得不得了。但這是穩妥的嗎，畢竟這位夥伴一旦離職，後續是否有人能夠承接這些事情、扛下這項職務？若當時沒有清楚的文件交接流程，也沒有建立職務代理人，後果會如何？所以，制定完善的制度流程，能與人才順利銜接，這才是最重要的事。

這個道理大家都懂但不易做到，公司往往會在員工離職後方才看到問題癥結，若想讓這個職務不會受到人員異動影響，最重要的就是**建立職務流程、文件、專業**這三件事，方才能夠有效傳承或轉移技術，降低公司因為人員離職異動而產生不愉快的問題。

　　錯失一位人才或處理一位難纏的離職員工，公司切勿抱怨，而應是隨時隨地發現自己有哪些事件可以做得更好，避免重蹈覆轍。

槓桿在哪裡？
21

1. 組織與個人不要陷入離職苦惱，反而應關注如何讓職務得以順利銜接。

2. 遇到難纏人才離開，公司應掌握勞動法令，並於處理過程中隨時觀察在職員工感受。

3. 減少員工離職實的勞資糾紛，建議事前在職務流程、文件、專業的流程規劃上多著墨！

回歸個人本質

最終章我們回歸到人的心理意識，筆者希望大家要全體動員起來投入轉型，體察自己的本質學能，例如：

1. 察覺思考：是否具備敏銳觀察事物並系統思考的能力，可以察覺自己與別人心理情緒？
2. 目標執行：能提出具體目標，並有可能展開執行方案。
3. 情緒溝通：善於與人群溝通互動，並能隨時調整自己的情緒。

4. 修正創新：從執行方案來聚焦目標，可以不斷調整
   修正與創新展現。

以上四大本質能力，我們可從一些企業個案中看到決
策成功與錯誤之間的差距，其中更藏著許多細微的關
鍵槓桿點。透過規劃與執行便可成功管理個人情緒，
善用上述種種槓桿點，團隊或帶領團隊將更加順利，
輕鬆創造客戶價值，個人也能因此享受成長快樂！

提升思考與執行力的 3 步驟──
空、雨、傘

「凡事豫則立，不豫則廢。」筆者在以下章節將為大家介紹一個有效增進本質思考，解決能力的步驟，而它有個簡單的口訣是「空、雨、傘」，各自代表「天空」、「下雨」、「帶傘」這三個重要的執行步驟與思考歷程。

請　看下列兩張圖，你是否發現左邊上、下兩條平行線是一樣長的嗎？而右圖框內兩個對角線也是等長的嗎？而右頁圖中的格子交叉中間點，是白點，還是黑點？或你看到的是閃爍白交換點？

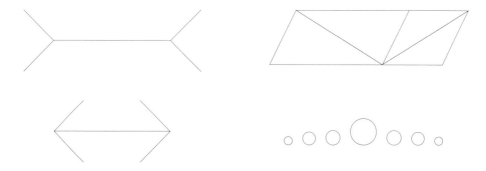

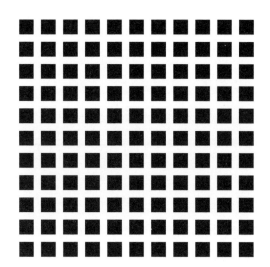

最後我們發現，**其實眼見不為信，親眼所見與真實世界間，經常也有不一致的現象！**

現代人思維需要重新排列組合，太多資訊進入我們眼中與生活，都會誤導我們下判斷，故而以前的人生活單純，可以做到四十而不惑，但現在可能年屆七十都還很疑惑……，特別是當你處在一群人當中，你會發現自己常被過去的經驗所綁架，這時，建議要先改變態度與調整思維，否則恐將來不及因應快速變化而潰敗……

年前曾看過一部真人實事改編的山難電影《聖母峰》，當時還頗有感同身受的感觸。劇中有一幕是，有位同伴問：「為什麼大家要挑戰它？」，大家聽完後均笑說：「因為那座山在那裡！」

　　我當時心想：「每個人心裡肯定都會有一座想挑戰的山，但最後都是自己與內心磨練……」，劇中登山顧問曾對著團員說：「生或死，都由這座山決定！」聖母峰自有它專屬的一套運作法則，惟有遵循才能安全存活。強襲而來的風暴讓人措手不及，讓人看不清外在環境變化，或選擇錯決定（如外在氧氣瓶不足、個人是否堅持錯的決定、錯過下山時間等），通常就會喪失性命。

　　相同的，當企業不顧一切堅持理想，不知外在環境已然驟變，未能即時轉型，調整團隊隊形，便很有可能釀成巨大傷害。某家傳產製造業，每天都有接不完的客戶委託生產個案，業務單位經常抱怨研發提案速度過慢，而研發單位則怪罪生產、品保單位即時配合度不高，生產單位責怪資訊提供不完整，無法快速回覆，導致績效落後。專案部經理剛開完專案會議，馬上又要面對新個案進度落後的協調改善，接下來又有對岸廠商的配合通路出狀況，必須在下班前找到替代方案，甚至內部還有員工提辭呈……，諸如此類的問題同時發生，我們是否每天都在面對類似的困擾？這位經理遇上的或許只是冰山一角，但也是許多上班族工作的日常吧 ....

　　在回答這個問題之前，有兩個觀念要先釐清，一是「**每天都有層出不窮的問題**」其來源為何？二是否有「**本質思考與解決能力**」？不斷確認問題與本質系統思考之間相互關係是很重要！

　　第一要**如何改善不斷出現的問題？**類似觀念在我們執行時間管

理上也常碰到，原本屬於「不重要、不緊急」的事務，因一再延遲而變成「重要、緊急」的事情。也許若將不重要的事情順延幾天完成，更能讓自己在處理工作少了許多時間壓力，這時反而更有充裕時間來處理重要的大事。重點在於如何分辨出重要與緊急事務之間的差異，再透過時間序列來逐一解決，所以，**對的「本質思考」能力是一大關鍵。**

「凡事豫則立，不豫則廢。」筆者在這裡介紹一個有效增進本質思考，解決能力的步驟，它有個簡單的口訣是「空、雨、傘」，分別代表「天空」、「下雨」、「帶傘」這三個重要步驟與歷程。

天空　是指觀察現況，針對三維度思考，時間、空間、物質完整　　　　掌握情境優先，在問題解決前做好審慎觀察，瞭解現狀。

下雨　則是觀察之後，分析可能出現的情況或變化，也就是對未　　　　來的研判、分析方法有歸納或演繹、可量化或質化分析。

帶傘　則是找出解決關鍵點，形成一個可行且有效的解決方案。

思考的本質—
空、雨、傘

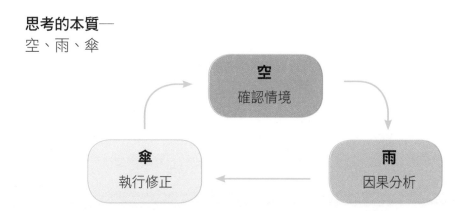

　　想提升本質思考能力，必須堅持每次在處理完緊急問題後誠實省思，找出個人或團隊在面對問題（或潛在問題）時的反應模式，並且透過檢討，改善修正。問題分析越深（因果、範圍、程度等），解決方案將越明確具體，之後能整合的資源也將越多，如此妥善解決的機會也會升高，這箇中包含了分析研判與執行紀律等能力。我建議使用上述空、雨、傘三個簡單步驟，這是我們每個人每日看天氣預報後決定是否要攜帶雨具出門的步驟，如果能夠應用在生活或工作上，應該可以變成極為簡單的做法。

　　現代人每天所經歷的問題，可說是最好的教練，卻也是最壞的主人。如果始終避不開拖延的習性，那麼也至少要做好事前預備，例如攜帶足以因應各樣氣候變化的雨傘，屆時若遭遇狂風驟雨紛踏而至，你也才能因應得法，快速撐起保護傘阻絕傷害。

槓桿在哪裡？

22

1. 「空」是指觀察現況，針對三維度思考，時間、空間、物質完整掌握情境優先，在問題解決前做好審慎觀察，瞭解現狀。

2. 「雨」則是觀察之後，分析可能出現的情況或變化，也就是對未來的研判、分析方法有歸納或演繹、可量化或質化分析。

3. 「傘」則是找出解決關鍵點，形成一個可行且有效的解決方案。

陷入心情低潮時，如何調整情緒？

閱讀蔣勳老師《感覺宋詞》一書中的一個小故事，感覺很棒……

書中描述宋朝大文豪蘇軾自詡領悟「儒道佛三合一」之道，有一天，他寫信給好友佛印大師，信中說自己已成功修鍊「八風吹不動」的功夫，佛印大師看完信後回信說：「放屁！」

蘇軾氣個半死，特地跑到金山寺去大罵佛印一頓，結果只見佛印留下一紙「八風吹不動，一屁打過江」的紙條給他，蘇軾看完後，哈哈大笑，頓時理解了，甚至還解下自己身上的玉帶送給金山寺當鎮寺之寶。

我的第一份是業務工作，平日雖認真把事情做好，但總常遇到許多困擾與瓶頸。有一次，準備對老闆報告工作進度時，一踏進主管辦公室，便被老闆當面丟來的業務報告集中，文件直接甩到我頭上來，我甚至被他當眾痛罵了一頓。不知是老闆近日因業績關係心情不佳，還是剛好昨日部門內部作業失誤，掉了一個很重要的訂單問題與客訴影響，總之，諸多憤怒均

遷怒到我頭上了⋯⋯

若分析一下，

當下情境 A 是，我極可能認定自己被冤枉，也或許剛好已隱忍很久，加上丈二金鋼摸不到頭緒的感覺，認為自己被嚴重污辱，感受委屈，心裡頓時浮現老大不開心，老子不幹了的念頭！

但反過來說，腦海中也可能浮現另一個情境 B，當下穩定情緒，請老闆先息怒，自己會查詢實際情況後再回報問題癥結所在，並且盡快提出因應挽救之策。

然後接下來，那時的我若選擇情境 B，是自己太委屈求全嗎？還是為了五斗米折腰了？⋯⋯相信什麼念頭都有，但肯定的是，冷靜面對並提出想法，然也會有意外的收穫。

當時的情況是，老闆冷靜下來後同意我的看法，當場也息怒，情況終於緩和下來；此外，後續觀察看到我有條不紊地提供解決建議，老闆反而覺得自己當天太過於情緒化，最後也對自己的脫序行為致歉，反而給予自己未來更大的工作機會。

身為老闆與主管者，如果經常處於情緒失控或習慣當眾辱罵他人，這將種下「惡因」而不自知，同仁也許因此選擇離職或平靜看

待，而這就是「果」，無論離職或從容處理皆是；同時，這也是種下另一個「惡因」或「善因」的契機，進而成就另一個「果」，例如讓老闆錯失一位人才，而當事人如選擇離職，也或許就因此失去一個好的舞台。

我們常被「情緒」打亂整件事……

我們常常在專業領域上專精自我，但忽略到情緒與心理的自我修練，我們不須期待成為偉大學者或成大事者，反而要試著讓自己做回一個「人」，**讓自己的喜怒哀樂從容自在且就位**。需知宇宙本質來自於物質、資訊、能量三大要素，近日常聽到「量子能量」之粒波二元性說法，此派學說很受現在人認同。「波粒二象性」指的是，所有的粒子不僅可以表現出粒子的特性，同時也表現出波的特性，這意味著有關「粒子」與「波」的概念均不能完全用於描述客觀世界。

事實上，面對問題時也很難用單一項目來解釋，正如無法單獨描述粒子是光還是波的性質。企業講究量化數據來評量或論定經營績效，這就好比企業與個人也很難用數字來量化自我貢獻度。人就是一個既主觀又客觀的綜合體，而企業又是一群人組合而來，複雜度肯定更大，特別在於「行為」背後還有「思維」因素影響；「思維」背後還有「認知」問題干擾，而另一個干擾因素「情緒」，更

會影響我們當下的「演出」，影響不可謂不大。

先前已提過，結合好的覺察能力與理性邏輯力，可讓思考更敏銳。執行前，往往會有許多溝通情境產生，若個人情緒無法自動「調頻」，就像收音機可以調整切換頻道一樣，當沮喪、憤怒、羞愧等不好情緒出現，便極有可能影響我們的表現，這對身心健康都不是好事！

須知人人當下都在創造歷史，隨時隨地都在「種因得果」，如此這般反覆交叉影響。有時在觀察他人能力之餘，還得評估「情緒」影響表現與行為的程度，畢竟這個關鍵很可能會掩沒個人本質，而現代人多數的**困擾來源─我們未能在生命中真實展現能力，而情緒就是元凶！**

所以我們要培養「情緒調頻」的能力！

古書有云：「 定、靜、安、慮、得」，遇事先調整心情，讓自己冷靜下來，這是做人處事的調頻基本功。情緒需要排解，這得在平時便梳理練習，一旦面臨情緒衝動，失去理智時，方才有能力做到深呼吸與調整心理。試著先轉念與微笑，有些無聊與憤怒的事情便如雲煙般消失無蹤了。初期練習一定不容易，但若把這當成每天都要執行的運動一樣，練習久了就會有心理肌肉，產生記憶了。

　　透過內在本質練習，這將有如接種「壓力疫苗」一般，既可增加情緒抗體，就像收音機擁有調頻器，可以從容用心去調整憤怒、悲傷、沮喪、驕傲等情緒，**轉變頻道成為樂觀**，積極、幽默、開心的狀態。面對工作上的各種景氣、客戶、產品、人才、供應商、自我等問題，我們肯定都可以適應！

槓桿在哪裡？

23

1. 隨時隨地察覺自己當下的感受與情緒。
2. 勤加練習快速調整情緒與紓解壓力的方法。

難以抉擇時，
聆聽內在本質的聲音

閱義大利國寶 Ennio Morrocone 大師 2020 逝世於
羅馬，享年 91 歲，聞之不勝唏噓。網路上頻頻有人
播放他的成名曲作品─電影「海上鋼琴師」的配樂！
筆者在此向大師致敬，他所賦予電影更豐富的生命與
層次，給予無數影迷美好的聽覺饗宴，願他在音樂國
度裡永遠不朽。

年初重看「海上鋼琴師」這部片子，內在又激起了不同感
受，年輕時的我，看完這部電影覺得很乏味、覺得男主
角一輩子活在船上，如何發展他的音樂才華？直到最後
為何還是不敢離開郵輪？是不是很傻，很懦弱？

直到如今，我已然來到中年階段，再度觀看這部電影後，我
終於體悟到自己可能會也與他做出同樣的選擇！片中有一句話很發
人深省：「以鋼琴而言，任何一架鋼琴必然是八十八個琴鍵，雖然
琴鍵有限，你卻是無限的。在有限的琴鍵裡，存在無限的曲調，這

是我所應付得來的。走過踏板，前方有數百千萬個琴鍵，無窮無盡，無限的琴鍵上，我卻無法彈奏任何樂章……。」

了解自己，選擇自己人生最美！

李董是位成功的企業家，除了是我的客戶，也是無話不談的好友，他常與我分享創業時歷經的大風大浪，他的至理名言是「享受問題，而不是面對問題（Enjoy the problem；Face the problem.）」，這是他面對問題的態度，也是智慧—**面對是壓力與痛苦，享受面對考驗是智慧。**

目前他的公司面臨企業轉型，特別是二代接班最困擾，他目前是董事長兼總經理，麾下有三位公子，大公子國外研發技術背景，回來公司擔任 RD 工作，思考邏輯敏銳但溝通能力稍嫌薄弱；二公子一直在公司擔任業務主管，做事強悍且自我，表現平平；三公子則剛從國外回來，學的是建築設計，進入公司後參與的實務經驗不多，但為人處事謙沖，思考創新且不受框架侷限，其多元思考態度反讓客戶與員工佩服。而李董在觀察三年多後，發現小兒子似乎更適合擔任接班人人選。

台灣家族仍有嫡長子習慣，依輩份接棒自是慣例，老大雖表明心不在此，但也擺出了當仁不讓之姿；老二因積極爭取，有時反對

兩位兄弟生出些許敵意；但看到老三從初期經驗不足到如今越來越表現不凡，甚至受到老董公開與私下的肯定，這時，公司經營階層開始出現微妙變化⋯⋯

老董公告一份新組織表，態勢正式進入新直球對決情境，三位公子皆掛副總，老三則另兼總經理特助，擁有實質權力，平日協助總經理跨部門整合決策。這個舉動顯然觸及老大與老二的接班危機感，三人之間開始在工作協調上，衝突頻頻。

由於公司股權分配部分，老董事長佔一半，其他三位公子各佔 1 ／ 6，並無董事會概念，兄弟三人在公司股權平均，遇事時自然互不相讓，老董這時方才發覺兄弟鬩牆益發激烈。最後，老三決定讓出經營實權，並且對老董誠懇表示，並非自己膽小不敢爭大位，而是不願兄弟鬩牆傷和氣，最重要的是，真誠面對後發現這並非自己最喜歡的工作，他希望成就自己成為一位成功的建築設計師，而非家族企業的專業經理人。老董聽罷當然不忍，畢竟最適德適能的兒子，反而無法接下家族企業的接班擔子⋯⋯

這樣的企業接棒情境，好像似曾相見，但到底什麼是最好的結果，任誰也無法論斷。我與老董深談甚久，了解許多事物是天時、地利與及人和躬逢其盛，需要三維空間具備方才成局，小兒子認清自己最愛的職涯發展，這未嘗不是人生最美好的事情，我戲稱呼應老董的至理名言「如何 Enjoy the problem，而不是 Face the problem，」這正是他面對問題時的態度。我想，老三也像那位海上鋼琴家的選擇一樣，「有限的琴鍵裡，存在無限的曲調，這是我所應付得來的。走過踏板，前方有數百千萬個琴鍵，無限的琴鍵上，卻無法彈奏任何樂章。」

回想自己一路走來，似乎也曾放棄許多機會，雖然企業顧問工作辛苦，也不能賺大錢，但其心路歷程是否也如同上述心緒呢？

當你感到無奈時，如何調整心態

嚮往沒有突發狀況的人生，就像期待沒有風雨的旅程，事實上，風雨常能帶來意外的風景，而問題也讓平凡無奇的人生多了五味雜陳！但人生最寶貴的經驗就是對於問題的當下信念，面對種種問題時，若你抱著痛苦與被迫心態，這將導致身心疲憊並且蓄積壓力，或許成功解圍，但換來的是心態疲憊，甚至違背自己一貫的信念與態度，得不償失。需明白—無法 enjoy the problem 時，是否要深思？

要從「面對問題」進入「享受問題」，過程中很重要的是能力與經驗，此外，心態更重要，畢竟心態若不對，再容易的事也可能把你難倒；但如果心態正確，再困難的事也會有解決之道。接下來筆者將針對調整心態，做出三個說明。

1 **心態調整，積極面對。**轉化否定、逃避、被動為正面、面對、主動積極的態度。心態正確才能坦然面對，進而解決。光靠積極的心態不過是初生之犢的蠻勇，若想再進階至處之泰然的自在，則需培養眼界與歷練。

2 **嘗試錯誤，持續修正。**累積豐富多樣的實務經驗，見多識廣才能泰然自若，建議培養舉重若輕的能耐，奠定豐厚的人生體驗與心得，待真正領悟後自可融會貫通，進而從成長臻至熟練。

3 **回歸本質，探詢心靈。**受到長期中國儒家思考限制，中國人的成長階段傾向縮小個人，配合團隊，除了將個人潛能發揮到極致，還得做到群策群力，有時我反而覺得人生不妨學學道家理論，探索人生本質，召喚內在心理，以找到個人使命與宇宙任務為重。

槓桿在哪裡？

24

面對棘手問題，試著從 Face the Problem 轉變成 Enjoy the problem.

重新定義成功─為自己出征

閱成功分為兩種：一是外在成功，也就是世俗給你的
評價，另一個則是內在的成功，是你給自己下評斷。
其實人生說來既簡單又複雜，因為外在是一個充滿不
確定、難以理解的世界，充斥著理性跟感性。但在自
己眼前的世界裡，我們又是什麼樣的人？

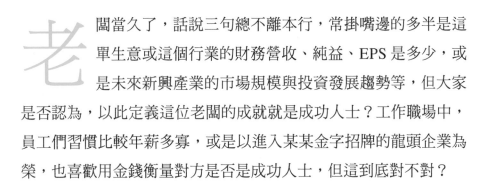

老闆當久了，話說三句總不離本行，常掛嘴邊的多半是這
單生意或這個行業的財務營收、純益、EPS 是多少，或
是未來新興產業的市場規模與投資發展趨勢等，但大家
是否認為，以此定義這位老闆的成就就是成功人士？工作職場中，
員工們習慣比較年薪多寡，或是以進入某某金字招牌的龍頭企業為
榮，也喜歡用金錢衡量對方是否是成功人士，但這到底對不對？

　　的確，這真的沒有一個標準，大家只好用財務數字當做參考，
例如有兩位經營價值與風格截然不同的企業主，兩位是兄弟，哥哥
擔任公司董事長，財務頭腦靈活，弟弟則是擔任總經理，公司的營
運管理都交給他負責，哥哥負責資源整合如企業併購、營業外投資
等項目，如何讓資金活化到最大效應是他的任務。

哥哥自己也承認，本業因為是傳統產業，獲利率微薄僅個位數，獲利狀況不佳，看到許多新興科技獲利率達 30 ～ 40% 以上，實在很吃驚，所以如何善用財務槓桿，擴充 8 ～ 10 倍回收率，並且透過自己與財務顧問積極併購周邊產業，不願死守本業，大膽善用銀行融資與併購，也讓公司在短短幾年內擴增規模，在許多同業與同齡層的經營者眼中相當佩服，他也很引以為傲，而這就是他成功定義！

另外一個企業主跟他完全不一樣。堅持本業，營收與獲利雖平平，但其實他也曾跨足一些新興產業，不過失敗經驗讓他走回老本業，反思如何精耕本業精耕與傳承；此外他也賦予自己使命感，期待發揮最大的經濟效益，創造客戶價值、員工福利、股東權益。或許他有能力開拓更大舞台，但他認為最大的成功是自我價值認定，這兩者是完全不同的成功定義。

何謂內在成功、外在成功

成功通常可分為兩種：一是外在成功，也就是一般世俗給你的評價，另一個屬於內在的成功，則是自己給自己下評斷。其實人生說簡單非常簡單，說複雜也非常複雜，因為外在環境是充滿不確定因素、難以理解的，甚至充斥著理性跟感性的矛盾。但即使如此，在自己眼前的世界中，我們又是一個什麼樣的人？大家是否聽過，

外在物質雖然進步很快，但人類的大腦與心智，依舊是活在石器時代長毛象活躍的時候，我們總是無助地必須在理性與感性之間找到平衡點。

不管你是傾向哪個方向，重新定義價值觀都是必須的，也許隨著年齡增長，面對情境當下所做的判斷都會改變，但重點是當價值觀定錨後，不妨採取更務實的方式執行，我覺得這才是成功最關鍵的意義。大家都聽過父子騎驢的民間故事，過於在乎外在看法，加上自己若也沒定見，最後不論騎或不騎，兩者都不對，這樣一來，日子豈不是過得很辛苦。

寓言書《為自己出征：騎士盔甲兩難》，內文關鍵在於如何走出沈默，知識，志勇城堡，走向愛的真理之顛。這本書看似簡單，但老實說我讀了好幾次，還是不太明白箇中寓意。第一次閱讀時總覺得這就是一篇西洋寓言故事，不清楚作者想呈現的真正意思為何？但讀過幾遍後，我開始有種被某種物品重擊到感覺，發現當中許多細節，談是其實是如何定義自己的人生！

故事的主人翁是一個無法脫下自己沈重盔甲的武士，連妻兒都想離開他。為了脫下盔甲，他開始踏上一段冒險的旅程。書中的盔甲象徵的正是我們每天用來保護自己的武裝，這本該是用來學習人們生存防衛機制的物件，但直到後來，大家都忘了最初的自我。

而主人翁為了除去盔甲，找到貴人梅林法師及一群小動物協助，在面對三個城堡的考驗後，最終在「真理之巔」找到真實的自我與愛，重新做回最棒的自己。而筆者濃縮以下幾個槓桿點，供大家體驗！

1. **不要高估自己。**我想每個人都像男主角一樣，想騎馬、戴盔甲去城堡屠龍，解救公主，覺得這樣就是成就；然而孰不知這只是要證明，我是心地善良又充滿愛，搞不好公主根本不用你去救，你也不用殺了噴火龍，我們總把自己的需求當成是別人提出的，進而不自覺地給自己與他人帶來困擾。

2. **找到貴人。**每個人的一生都需要梅林法師，甚至是接受小人物給予的協助，梅林也許就是一個平凡人，只是你沒發現而已，比如朋友或同事，可能就是我們的梅林法師！

3. **沉默之堡—傾聽自己。**我們也許和武士一樣，無法學習一個人獨處。從未認真傾聽過自己的心聲，進而也無法聽到他人的心聲；忘了怎麼愛自己，如何真正愛別人？所以學習傾聽自己的心聲，非常重要。

4. **知識之堡—善用知識。**若想了解旁人需要，自己就要像蘋果樹上結結實纍纍的果樹，讓有需要的人可以來取用，充分發揮自己的知識能力，既可幫助別人，還能帶來快樂。

5 **智勇之堡—面對恐懼。**每個人都會遇上必須面對巨龍的恐懼，如何運用志氣和勇氣去消滅幻象，讓眼前的巨龍越來越小……即使有一天它還會再回來，但只要不心生懼怕，根本不用擔心再次面對。

6 **真理之巔—愛與信念。**學習信任與放手，放掉害怕和固守，用愛擁抱未來，才能登上真理山巔。

當我們面對人生成功定義時，當你學會接受而不期待，失望便會少得多時，你要如何為自己的人生定錨？比如在年少輕狂的階段，應該要博學多聞與周遊列國的時候，我正在做什麼？在面對青壯年階段時，我又該如何在事業上做出成就，我曾努力過些什麼？到了熟年時，維持身體健康、對新鮮事物持續投入興趣，我又盡過哪些努力？在這些人生階段的努力過程中，所有的失敗與挫折都是寶貴經驗……

我有一位好友，頂著台大電機研究所光環，歷經多家知名科技公司技術研發主管職務，也在全球商務檯面上風光過一段期間，職涯歷經起落後，赫然發現自己究竟在找尋追求些什麼？經過一番省思，他重新定義外在成功的價值，有得就有失，驟然發現他失去以前快樂的本質，忙碌生活讓他忽略孩子的成長，追逐金錢讓他失去健康，工作只能把他武裝起來……，他決定重拾興趣，但又擔心以前喜歡敲敲打打的東西，是否不復返？

　　五年前，他正值壯年時間，終於決定放棄令人羨慕的高薪工作，獨自蝸居在南投草屯鄉間，徵求家人同意後，每月回台北一次，其他時間則在當地成立漆器與木工工作室，雖說收入不穩定，比先前高薪差太多，但因為做的是自己有興趣的事，加上定期舉辦成果發表會及藝文活動推廣，讓他大部分時間都投入在創作裡，這樣的日常讓他整個人開心不已。他總是眉飛色舞地向我描述，自己每到黃昏時刻都會騎著單車到山坡上看夕陽，慰勞自己一整天的辛勞，這種身體每個細胞都在舞動的感覺，就是他專屬的人生得意作品。

　　我們也許無法像這位朋友勇敢行動，但我們應該時時檢視，自己的人生與成功定義是什麼？在不同的人生階段，不同的時間、地點、人物出現時，我們又要如何選擇，付出什麼行動？而我的總結是，正如上述那本書名一般，請試著「為自己出征」！

槓桿在哪裡？
25

1. 定時檢察自己的人生定義與價值是什麼？
2. 找出現在的自己擁有哪些內部或外部的成功？是否需要調整比例？又是否需要付諸行動？

信 VS. 疑

「堅信」讓我們勇往直前，努力達標。先相信，就會有力量。

但有時，選擇錯誤也會為我們帶來極大風險，只是專業管理培訓提醒了我們，隨時要用「質疑精神去檢視問題」，才可成功。

面對許多新事情，你是抱著樂觀心態去相信它？還是要帶著懷疑去質詢它？

小時候家住三重，附近有很多小型工廠，這也是台灣經濟奇蹟的發源地。父親經營一家店面做些小生意，早上賣饅頭豆漿，下午跟晚上則販賣飲料與宵夜，每到晚上10點下班時刻，店外就會聚集一群辛苦的勞工朋友，聚集到店裡消費，這就是台灣初期的經濟生態。

我家生意特別好，因為父親很會做生意，販售產品多半符合大眾口味，同時價格不貴，加上家裡算是整條路上第一家有電視機的商店，每到中午時刻就會播放神州大儒俠史艷文的布袋戲，每天晚

上 10 點後還會加碼播映日本摔角節目，當時的台灣民眾消遣娛樂選擇不多，這算是很受大家喜歡的作法。

店門口總是聚集一大堆來看免費電視的客人，如有消費就可以踏進店裡，坐在椅子上享受，若沒消費就只好站在門口拉長脖子看，由於我們賣的東西不貴，如果每月領到工資，大家手頭寬裕時，也會出現搶位子現象，畢竟對勞工朋友來說這可是最大的享受，也就是現在時下年輕人慣稱的「小確幸」。

當時附近一些同業初期覺得我們花大錢買電視，甚至還免費開放參觀，加上店內商品價錢便宜，所以許多同業並不看好我們，就連自家人也懷疑甚至反對父親的做法，畢竟從早忙到晚，投資大錢又不知小生意是否有能力回收？但結果證實老爸的策略正確，門庭若市不說，當時只是小學生的我還得在放假時幫忙做生意，讓我總是抱怨連連……，現在回想起來，實在很佩服父親當時的堅定信念與魄力。

信才有力量，疑才會驗證

「堅信」讓我們勇往直前，努力達標。先相信，就會有力量。但有時，選擇錯誤也會為我們帶來極大風險，只是專業管理培訓提醒了我們，隨時要用「質疑精神去檢視問題」，才可成功。

　　面對許多新事情，你是抱著樂觀心態去相信它？還是要帶著懷疑去質詢它？

　　姊夫原本從事醫療設備技術生意，近期轉型成次氯酸水（HClO）設備商，面對顧客與專業變化差異性很大，雖有一些既有農業或食品業需求，但他發現市場競爭大，需求也很有限。直到有一次，在無意間接觸到陌生的水產養蝦業，他發現許多養殖池的蝦群因溫度、病菌感染等問題導致死亡率升高，少數業者不想過度使用福馬林消毒，以免造成食安問題，但也因此不得不面對這蝦群死亡的高成本風險。

　　看到這裡，他深信這可能就是另一個機會點，他找到與他有共識的業者，共同涉獵水產養殖問題，也就是病菌感染，發現關鍵問題在於水質問題。但因為引進設備成本高，業者嘗試意願偏低。有鑑於此，他突發奇想地決定提供蝦農免費設備，先技術合作再分享利潤，讓業者願意大膽引用這個方案，終於成功提升蝦群存活率。

　　但假設這方案需要被驗證，所以得不斷測試實驗，在經過假設半年的實驗效果後，效果不顯著，那麼接下來應該怎麼辦？但無論如何，結果總是好的，姐夫跟合作廠商順利改善蝦群存活率，成為當地品質最好的蝦，他感謝對方給彼此一個大膽嘗試的合作機會，並願意在過程中不斷改善修正做法。

如何處理信與疑？

相信自己比較容易，但要你相信別人就很困難，如何在團體中建立「信」與「疑」，確實是個挑戰。人類從遠古時期開始就處在充滿危機的環境中，我們害怕被毒蛇猛獸吃掉，所以建立石牆的家來保護家人，我們用竹子與石頭做武器來保護自己，甚至做些警示設備，提醒大家此處恐有外物入侵，所以不相信他人是人類的本性。但大家是否曾發現，一個人獨處會寂寞，有家人或朋友互相關心，互相幫助，做事可以分工，慢慢地，你就會開始信任人……，換言之，我們始終站在這個蹺蹺板上—信 VS. 疑。

籃球是一個偉大發明，奈史密斯博士（Dr. James Naismith）是籃球的發明人，他在美國麻省的 YMCA 春田學院發明這項運動，故事發生在 1891 年寒冷的冬天。 緣由麻省的冬天在十一月就開始下雪，室外運動不得不停止，但當時的室內運動只有體操，每位學員都覺得無聊而提不起勁、團隊氣氛也很差。有一天，大學校長找奈史密斯問：「大家是因為沒有適當的運動才如此無精打采，所以請你去動點腦筋，想一種能引起同學團隊合作、並能活動筋骨、提升健康、還能學習紀律的運動。」

於是他想起小時候玩過的一種以石頭投洞穴的遊戲，經過改良後再綜合足球、冰上曲棍球的規則，甚至擬定遊戲規則，讓學生既玩得很愉快，也符合校長的期待。

透過籃球運動，我們了解這項運動的目的是培養健康體能、團隊合作、守紀律。所以我們在團體中巧思設計一些「具體活動」，如績效管理、會議活動、教育訓練等，若還能產生競賽感、趣味性與規範的項目，這才是兼顧彼此信任，降低質疑心理的模式。另外，家族中也可定期舉辦讀書會或共同運動的相處模式，或參與家族旅遊或聚餐等人際互動，這也是推動團體價值觀、提升態度與素質的好方法。

我有一位客戶從事製造業，以推動「服務品質」做為企業文化，他曾發動全體員工舉辦禮貌競賽運動─老闆與人資主管每天早上站在打卡鐘前，碰見同事就微笑與問好，許多同仁從冷漠不習慣到隨口問好，建立好的基本服務禮儀簡單行為做起，大家不知不覺地養成好的行為，影響到日後的工作態度與表現，久而久之便成為大家共同的信念，互賴互信的基礎。

這就是呼應只有**「信」才能去投入的觀念**，但過程要不斷抱持**「疑」的態度去改善**。從他的寶貴經驗可以分享到，為自己找尋一個讓「信」與「疑」互相扶持的註解，遇事時才有勇氣追求並堅持改善。

各位是否聽過「盲眼投球」的故事？這個遊戲是分三人分成每一組：一人矇眼投球，另一人則當籃下指導員，分別站上罰球線投十顆球，看看入籃率有多少？

　　第一組投完十顆，籃下指導員一句話都沒反應；第二組人也連續投了十顆；籃下的指導員只單調反應投進與沒進，照樣沒什麼回應；第三組投籃；指導員除了回應有進與沒進之外，每次投籃前他也會提醒投籃者，應該靠右或靠左一點……，各位猜想一下，哪一組人投籃率最高？

　　我想，大多數人會猜第三組，因為籃下有指導員給矇眼投籃者提示方向外並給予正確指導，換言之，若團體中有人不斷「回饋」與「指導」，相信結果一定可讓堅信者的能量更加足夠。

槓桿在哪裡？

26

1.「信」與「疑」都是相依相存的。

2. 團隊中惟有不斷「回饋」與「指導」，方能堅信能量會更強。

親老關係──
人生大學中的最難關

人的一生好像都在人生大學裡學習，不同階段修習不同學分，人人都期待 All-pass，但有時不免被當，也可能被迫留級，甚至念到一半被迫退學。但即便如此，大家依舊滿心期待能夠順利畢業，但學無止境，也許學到人生最後一天，你還是覺得不夠……。

當你工作幾年，與愛人結婚，開始學習如何與伴侶親密互動，也或許仍在相互磨合時，孩子來了……，如何學習家人的親密互動與良好親子關係，讓你備感壓力。同時在職場中，與老闆、同事或客戶間也在學習互動關係，如何在職場闖出一番事業，也讓我們焦心不已。逐漸地，我們不知不覺地步入中年，以為可以享受努力後的辛苦成果，竟然發現自己必須開始擔心父母親逐漸變老，他們不再那麼健康的遺憾。

父母親開始忘東忘西，在生活更加仰賴你照顧的時候，大家赫然發現這門課程應是原不在預期內發生的狀況，但隨著超高齡社會到來，大家真的要開始面對這門課題。面對高齡父母的照護時，現代人特別容易被「孝順」二字綁架。

　　像我，與母親同住。母親現年八十六歲，前幾年常獨自外出與朋友出遊，心情開朗且行動自如，讓我感覺很幸運，但隨著一年一年過去，她的體力與智力開始迅速衰退，開始忘東忘西，說話重複也常令人心煩，有時甚至像小孩子一樣很黏人，而我在忙了一天之後竟也會開始不耐煩，甚至也會與她鬥嘴。

　　後來想一想，她自己應該也會驚恐於自我退化的感覺中吧，即便我每次在爭吵後都有悔意，也質疑自己似乎很不孝順，但實際上，我明白自己在面對這個課題時，似乎並未做好完善準備？

　　人類的身體機能設計，本來只有六、七十歲的使用期限，然而醫學的進步讓我們都能輕鬆進入高齡階段，例如我們或許在五十多歲就可能眼睛退化，六十多歲時膝蓋開始出現問題，到了七、八十歲時可能會有腦力衰退或失智之虞⋯⋯。也許你會找外勞或專業看護來看顧老人家，但並人人都有這等充裕財力，所以，周遭職場中不乏壯年親友得正視這個「親老關係」，我建議大家一方面不妨改變工作模式，改找較具彈性的工作，順應必須照顧老人家的難題；另一方面，面對照顧家人時，心態更要改變。

尊重並接受雙親老去的真實模樣

　　岸見一郎出版《面對父母老去的勇氣》一書，書中大方分享他

與失智父親間的對話：

　　有一次，父親很難過地說出自己有許多事都記不得了，但卻又每天像是關心小孩子一樣重覆詢問一些無聊瑣事，這樣的互動模式讓他感覺，自己好像回到孩提時代時所認識的父親了。「這是因為他們找到了存在的意義。」

　　他回憶，照顧失智父親的那段日子，父親有一天很生氣地對他說：「你到底什麼時候才打算結婚啊！我死之前，一定要看到你結婚才行！」當時的岸見一郎早已結婚二十年，女兒都已出生了。直到這時他才驚覺，失智父親病況的嚴重性，但轉念一想，這或許也非壞事，因為讓父母擔心，他們因著這份被需要，身體反而能夠更健康。

　　岸見一郎深刻且直指人心地說道：「最大的孝順就是不孝！」成為照顧者後才明白，父母在「被孩子需要」時才能更快樂、健康，也許不要嫌他很煩，也許父母與你又回到小時候那種時光隧道，只是你轉變成大人思維，無法接受這種幼稚互動的相處模式，但真正面對父母老去，有時轉個念頭做出心理準備，不論你當時多麼年輕或多成熟，這都是一道很難過關的人生課題。最好的方式是安慰自己，只要不造成危險那就沒關係，不要去迫逼他們記起太多事情，給予過多的壓力，請記得，尊重就是接受對方現在真實的模樣。

每個人都可能成為「照顧者」，但不要給自己太大壓力。

　　我有一位舊部屬，常在 FB 與 IG 上 po 一些美食、旅遊與聚餐的照片。不了解她的人會以為她是一個生活多采多姿的新女性，但事實是，她每天必須照顧健康不佳且年邁的母親，以及繁重的親族問題，遑論自己仍是經濟壓力一般的上班族。但可喜的是她從未把壓力轉嫁給朋友圈，反而改以一些活動紓解壓力，不讓自己走入悲情氛圍中。

　　我覺得這就是好的思維，社會上有許多人忽略照顧者的身心狀態，重點不是把自己當機器人使喚，老人照護工作的負擔跟壓力都很大，照顧者也會挫折，也會因此被迫犧牲許多休閒或工作機會。過去曾看過許多用心照顧老人的年輕一輩，常因照護未臻完美而心生罪惡感。但筆者在此奉勸大家，覺得會累沒有錯，想要休息也沒關係，千萬不要去管傳統世俗的眼光與批評，若能力許可，甚至可以透過外勞或長照機構等資源來幫自己分憂解勞。

　　在引述岸見一郎所說「不如就全部放下，重新開始。」的論點，每個人都有自己的角色，就像是戴了一張面具般，或許，我們可以摘下「親子」的面具，回歸人與人的相處，重新認識自己的父母。

社會與工作的因應、準備

　　銀髮族健康研究發現，經常與人互動活躍的年長者，通常活得較久也較為開心與健康。我本身參與台灣國家公園志工組織已久，但由於工作關係，僅在假日參與服務，我從中發現有些退休長者，平日排了很滿的志工行程，一方面將先前經驗分享給有需要的人，也讓自己的自我價值更加提高，各縣市社福機構也辦理日照中心或社區樂齡中心，部分長者因身體或個性關係，比較不願意前往，實在非常可惜。缺乏與外界連結的意願，因本身人格特質較害羞或不習慣麻煩他人，如何善用社會資源來協助他們，這將需要更多優良設施與專業人員協助。若能邀請社會組織與企業或許能夠參與，一同來解決這個缺口，相信更是我們共同期待的結果。

　　不少中壯年子女經常得在上班時間分心長輩的健康狀況，工作可能因此受限甚至無法櫻對，這常令子女備感壓力和受到負面情緒干擾。如何與自己親人建立聯絡與分工網絡，這時發現兄弟姊妹多，好處變多，父母有事，大家不妨事前分配或分攤任務。再者，當不得已無法專職工作時，自己是否有辦法透過與公司洽談居家工作或專案委託方式繼續合作。最近透過雲端科技，讓居家照顧更加便利，未來可善用科技之便利性，讓自己的工作時間更具彈性，兼顧長輩照顧與個人工作機會。

　　企業端因應疫情關係，被迫也得改變工作模式，透過雲端數位化也可遠端工作，組織不妨多元開發一些職缺，當公司同事需要照顧長輩，家庭與工作無法兼顧時，能夠在不影響工作績效的前提下，提供更具彈性的工作機會，這才是組織在人力資源供需失調下，成為幸福企業、友善工作職場應有之作為。

槓桿在哪裡？

27

職場工作者，如何從容面對親老關係？

1. 尊重且接受雙親老去後的真實模樣。

2. 照顧者不要給自己太大壓力。

3. 從社會與企業資源中，找尋更好的互助模式。

同學會後的省思——
價值 VS. 地雷

無論你是一位事業成功企業主或職場工作族也好，面對工作領域中會有許多機會與誘惑，可能是創業、職場、金錢、情感、投資等，讓我們成為成功勝利組，也可能誤觸地雷，陷入困苦深淵。

我們是每十年辦理一次海內外大型同學會，大家從四方八面前來參加難得一次的聚會，從共同回憶大學時代，發黃照片下的青澀臉孔，直到現在數位照片裡，風采依舊不減的帥哥美女們⋯⋯，看著我們這群熟男熟女，慢慢步入退休時代，有時不免唏噓。我們這班當中也有幾位職場贏家，除了擁有很棒的工作，幸福美滿的家庭更是令人羨慕；有些則在外商擔任高管，有些則自行創業成為某個領域中的企業主，甚至還有人擔任政府公務體系裡的高官，筆者觀察到每個人似乎都過著幸福、美好、令人豔羨的生活。

　　直到後來，同學間漸漸出現了一些令人意想不到的事。會有幾位同學從此消聲匿跡，大家當然也會交流並關心他們，透過間接了解後這才慢慢明白，事實絕非大家所想像的那麼美好：同學中有幾位英年早逝，有幾位工作雖一帆風順，但婚姻卻一團糟，離婚收場；或有人碰到子女教養困境等，人生難免陷入低潮，上述諸多問題皆屬中年危機的一環。

　　但就在畢業三十年後的同學會上，我發覺大家都有一些苦楚不便對外言盡，無論你是事業有成的企業主或是叱吒職場的上班族也罷，面對工作領域中的諸多機會與誘惑，可能是創業、職場、金錢、情感、投資等，都會讓我們成為勝利組，或誤觸地雷陷入困苦深淵。而我，每參加一場同學會後，都會更加看清事實。

　　關鍵時刻，每個人面對都是同一個問題：價值？地雷？

我要如何選擇下一個人生？

　　有部好萊塢電影《型男飛行日誌》，劇中男主角擔任國際顧問公司的專業人資顧問，專門到一些企業進行「人力盤點」，找出冗員後開除資遣，雖說是件殘忍的工作，但最後都會回歸人的最後尊重。劇情是員工被裁員後，經濟收入與家人互動都被迫改變，而公司透過科技視訊處理資遣工作的 SOP，原以為可以更有效率，但

因為忽略到對人的基本尊重，反而造成許多自我傷害與家庭不睦社會問題。

筆者也曾做過企業精簡人事工作，幫企業處理不願面對的問題。曾有一些同業前輩告知，企業只是借用你的專業去幫他們處理不願做的事，不要太過感性看待這個問題，就把精簡後所省下的企業人事費用告知業主即可，所以，向業主報價時一定要拉高金額，畢竟只要把這件事當職業就好，不要放入太多感情。

而我心裡也曾閃過這種念頭，只想透過專業技巧與法令缺口，讓老闆快速省下人事費用，順便為自己賺取更多收入，然而最後選擇還是，如何讓這個「魔鬼的工作」，尚能保有「菩薩的慈悲心」。

曾被資遣的人，氣極敗壞地詛咒自己，如果能以同理心去體會對方心情，並在符合法令原則下尊重對方情緒，我們究竟可為他們做哪些事？過去曾被自己資遣離開的人，我發現他年屆中年，加上有龐大家計負擔，所以願意主動幫忙寫推薦信轉介到另一家工廠任職，目前這名被我資遣的中年男，甚至還是我的好朋友呢。

每個人都有自尊與經濟壓力，若不得以，必須面對這個困境時，一定要堅持「面談」，傾聽對方的心聲，並依《勞基法》為他們跟僱主爭取應有權益，協助轉業，這既是替企業提升競爭力，也能協助失業勞工找到另一片天。

為自己選擇機會，但不受功利所迷惑，平添誤觸地雷的機會。

最近很多長年在大陸與海外發展的同學朋友，因應這次疫情，且隨著美中貿易戰升溫，開始倦鳥歸巢，陸續返鄉。而我這位事業經營成功的同學，也因長年累月征戰海外，與家人長年遠距維繫關係，最後終於選擇與家人重新經營關係，而這也是一種重新學習人際關係的契機。

由於他選擇企業 5 年交棒計畫，預計 63 歲退休，這一年來投資近千萬，大膽將他的每條產線走向生產自動化 MES（製造自動化系統），利用 Sensor 與 ERP 結合物聯網導入，搭配 5～6 名工程師現場巡檢 ，判讀燈號並處理異常狀況，以確保製造的正常運作。最後將原先 24 小時輪班運作來計算，節省每條產線每天約需 30 名現場人力，生產效率大步精進 。

他期待從現在開始多留一點時間與家人去運動、登山、親近大自然，甚至還開始學習一些樂器，希望在維持身體健康以外，進而重新修補家庭關係。過去三十年，他發現自己在子女成長的過程中缺席，對雙親也疏於照顧，在某次家庭旅遊中，他感性地對家人鄭重道歉，更希望在接下來的日子好好彌補。雖然疫情讓他的公司受到很大衝擊，但他願意逆勢加碼、籌資導入資訊化，這在傳統產業可是一大賭注，但他不管成功與否，就是要繼續做下去，因為他堅信這是穩賺不賠的投資！

公共電視曾上映一部電視劇叫做「通靈少女」，改編自台灣靈媒真實故事，女主角是具有靈異體質的高中生，看似平凡的她，白天上課，晚上則是在宮廟當仙姑，靠通靈為地方鄉親解惑，看盡人生百態。

我有一個學妹可以稱為「通靈姐姐」，原本光鮮亮麗的她，本在工作及事業上均呼風喚雨，加上精通投資理財，原可在事業上飛黃騰達。然而近幾年家庭遭遇變故，人生也出現戲劇化轉變，開始朝向宗教領域找尋心靈寄託，最近更發現自己能夠感應到宇宙召喚，開始當起神明代理人角色，也就是我們俗稱的乩身。她一開始原先只做一些社會服務工作，然特殊的體質讓她感應到神佛的力量，於是決定協助眾生，開壇問事。但因為自己從原不信神佛，變成願意為祂們做一些善事，並定期協助一些偏鄉學校食物供應，及宗教活動繞境遊行與義賣工作，也算是為現代人面對困境時，透過起乩方式指點迷津。加上貢獻金都是隨意隨緣，所以聚集的志工也越來越多，從不談迷信到找到人生志業，聽她言談中多勸人行善孝順，多做社會公益，我相信她已找到人生的槓桿點，成功發揮無限的可能性。

過去參加同學會習慣比來比去，然而近幾年開始，每次參加完同學會後都會讓我覺得很難得，畢竟每見一次面，有人快樂有人悲傷，甚至有人提早離開人生競技場，雖說年輕比「學歷」，壯年比「經歷」，熟年比「病歷」，但在這經歷人生酸甜苦辣後，如何選

擇人生價值更顯重要，年輕可以多碰地雷，沒有生命危險可以多方嘗試；反倒是已然步入中老年的我們，今日若誤觸地雷恐會粉身碎骨，人生的選擇相對變得重要許多！

槓桿在哪裡？

28

人人都要面對的重要課題：我要如何選擇最有價值的人生？

05

槓桿點就在身邊

在這邊非常感謝我親愛的家人、工作夥伴、經歷過的客戶們，他們都是我這一生的貴人，讓我順利完成這本書，過程中給予我非常多鼓勵，或默默地透過人際與工作關係，提供我分享真實個案。部份內容或劇情或許經過改編，但我想傳遞的精神是純真的，在此一併致上由衷的謝意！

由於生性並不適合朝九晚五的上班族，故而讓我在十八年前萌生創業打算，加上我的顧問工作其實並不像真正的老闆，面對很多企業經營者與個人時，我必須常到客戶面前親自推動一些專案才行，所以我總說自己既像經營者又像工程師，甚至開玩笑說自己是開模具師傅—開好管理模具後，廠商要自行量產，但我不會常駐貴公司。對我個人而言，最大的收穫也許不是金錢報酬，而是許多企業經營者乃至員工，每個人提供給我的寶貴經驗與管理個案。

記得六年前到中國大陸廈門輔導企業，有位台商希望我幫他的公司導入輔導目標績效管理及高管薪酬專案，那位集團總裁希望我們能幫他優化企業績效管理，讓經營績效得以成長，並且有效提升

員工的工作動機。那次的經驗讓我學到很寶貴的經驗，當時他們的對接窗口是公司的策略長，哇！他的背景是麥肯錫管理顧問公司出來的，我開玩笑問總裁：「貴公司的策略長就是高手中的高手，您怎麼還要找我們來當顧問，協助推動？」總裁說道：「許多國際公司好的管理做法可能需要本土化，組織變革內部角色也會衝突，需要外部角色協助，才能更容易推動。」

我覺得這位總裁很有大智慧！

後續與策略長對談後，原本討論優化目標績效制度，他提議為何還要推 KPI？國外都已在談 OKR 了，我們是不是要改以 OKR 為基準，建立一個更符合企業需求的目標績效管理辦法？

很高興與這一位國際顧問級好手共同推動專案，透過這個很新穎的 OKR，我也觀測到推動多年的 KPI，反會綁架同仁們的一些創意，造成大家以績效考核作為目的地工作，失去初衷。後來，我們除了重視推動結果外，更加關注努力過程是否有不斷出現滾動式調整，以免落入只看結果卻不知其所以然的茫然投入，過程中或許會一時出現偶然的成功，但卻不會持續，畢竟只有種下好的「因」，方可結出好的「果」。我很感謝能有這個機會與那位來自麥肯錫的策略長共事，讓我認識何謂好的管理工具。

本想引進這個好的管理工具到台灣，但台灣企業主都統一回覆

KPI 很簡單，甚至問 OKR 是什麼？我們若與績效脫鉤，員工是否會自動執行？或表示自己是傳統電子廠，與歐美的一些新創科技廠商不同，此舉會不會過於理想？所以總以抗拒為多。

應該是從 2019 年初，《OKR- 做最重要的事》一書熱賣，許多企業開始主動詢問，一年內便開始推動十多家企業導入系統，台灣企業終於開始融入 OKR 精髓與特質。

其實，O 就是目地的，KR 就是如何去？過程中要有一位教練或諮商者，提供一些建議調整，讓我們因應內外在環境變化，找到一個最佳方案。那時，我深刻地以為，這本是我們該做的事，但並沒有模組化落實執行，因為它確實適合企業組織，也包含在個人生活上的應用。

每個人都有許多目標可以陸續達成，但因為天時、地利及人和都會影響結果，只要我們種下好的因，懂得不斷持續修正，便能發揮最大價值，自然不用太過在意最後的成果如何？

滾動式的管理必須仰賴不斷地調整跟修正，這才是讓我們獲得最大價值的目標，我甚至認為這不只應用在工作上，放在人生歷程都適合。

我覺得，人生的大自然規律應是一致性的，只是因為環境、時

間點的不一樣，所以必須隨機調整而已，我期望大家都能從中找到
個人與企業的槓桿點，都可以在自己深耕的領域發光發熱，成為傑
出人士。而我也會繼續努力，畢竟我身上背負著一個使命，推廣並
幫助需要的個人與企業發光發熱。

感謝大家！

感謝

建立一個簡單 OKR 開始～

年度			單位				姓名		
目標 Objective	關鍵 結果 Key Results	當 責 者	協 助 者	進度查核 Review					再行動 Actions
				時 間	自 評	主管 評語	未完成事 ／待解決	建議 方案	

觀成長 32

槓桿人生一點通：
除了努力更要借力，屬於渾沌時代的生存之道

作者	吳桂龍
視覺設計	李思瑤
主編	林憶純
行銷企劃	王綾翊

第五編輯部總監　梁芳春
董事長　趙政岷
出版者　時報文化出版企業股份有限公司
　　　　108019 台北市和平西路三段 240 號
　　　　發行專線─（02）2306-6842
　　　　讀者服務專線─0800-231-705、（02）2304-7103
　　　　讀者服務傳真─（02）2304-6858
　　　　19344724 時報文化出版公司
　　　　10899 台北華江橋郵局第 99 信箱
時報悅讀網　www.readingtimes.com.tw
電子郵箱　yoho@readingtimes.com.tw
法律顧問　理律法律事務所　陳長文律師、李念祖律師
印刷　勁達印刷有限公司
初版一刷　2021 年 1 月 22 日
定價　新台幣 350 元

槓桿人生一點通：除了努力更要借力，屬於渾沌時代的生存之道 / 吳桂龍 作 . -- 初版 . – 臺北市 : 時報文化 , 2021.1
　　　208 面；17*23 公分
　　ISBN 978-957-13-8460-3（平裝）
　　1. 企管管理 2. 組織管理
　　494　　　　　　　　　109017948

ISBN　978-957-13-8460-3　　　　　Printed in Taiwan